﴿ يَٰقَوْمَنَآ أَجِيبُواْ دَاعِىَ ٱللَّهِ ﴾

"Ey halkım, Allah'ın Davetçi'sine uyun!"

(Ahkaf, 46/31)

ÖNCE TEVHİD

التَّوْحِيدُ أَوَّلاً
Özgün Adı:
et-Tevhîdu Evvelen
Telif: Prof. Dr. Nâsır el-Umer
Yayıncı: Guraba
Çeviri: Dr. Ahmet İyibildiren
Yayına Hazırlık: Guraba
Mizanpaj: Ömer Deniz
Kapak: Nüans
Baskı-Cilt: Step Ajans Matbaacılık
Guraba Yayınları: 36
ISBN: 975-8810-03-0
İkinci Baskı
M.2008/ H. 1429

GURABA YAYINCILIK SAN. TİC. LTD. ŞTİ.
Çatalçeşme Sk. Defne Han 27/9
Cağaloğlu – İstanbul
PK. 591 SİRKECİ
Tel: (0212) 526 06 05 Fax: 522 49 98
www.guraba.com.tr
e-mail:guraba@hotmail.com

Prof. Dr. Nâsıl el-Umer

ÖNCE TEVHÎD

Çeviri
Dr. Ahmet İyibildiren

الغرباء
guraba

NEDEN GURABA?

قَالَ رَسُولُ الله صلَّىٰ الله عليه وعلىٰ آله وسلَّم:

«بَدأَ الإِسْلَامُ غَرِيبًا وَسَيَعُودُ كَمَا بَدأَ؛ فَطوبىٰ لِلغُرَبَاءِ»

[رواه مسلم]

«فَطوبىٰ لِلغُرَبَاءِ؛ الَّذِينَ يُصْلِحوُنَ مَا أَفْسَدَ النَّاسُ مِنْ بَعْدِي مِنْ سُنَّتِي»

Rasûlullah *sallallâhu aleyhi ve sellem* şöyle buyurmaktadır:

«İslam garib olarak başladı. Başladığı hale geri dönecektir. O halde müjdeler olsun Guraba'ya /gariblere!»

[Müslim, Kitâbu'l-İmân]

Tirmizî rivâyetinde:
«Guraba'ya/gariblere müjdeler olsun! Onlar, benden sonra sünnetimden insanların bozdukları şeyleri düzeltenlerdir.»

[Tirmizî, İmân]

بسم الله الرحمن الرحيم

TAKDİM

Hamd Allah'a mahsustur. O birdir, tektir, eşi ve benzeri yoktur. Herşey O'na muhtaç olduğu halde O hiçbir şeye muhtaç değildir. Yalnız kendisine ibâdet edilen ve yalnız kendisinden yardım istenilendir. Ben Allah'ın yegâne hak ilâh olduğuna, O'ndan başkasını ilâh edinenin şirk koşmuş olacağına ve Muhammed'in O'nun kulu ve şirki şiddetle yasaklayan peygamberi olduğuna şahitlik ederim.

İmdi, değerli Şeyh Nâsır b. Süleyman b. el-Umer "Önce Tevhîd" isimli bu kıymetli risâleyi yazmış ve onda anlatılması önem arzeden tevhîdin büyüklüğü, şânının yüceliği ve şirkin kötülüğü, İslâm toprakları üzerindeki tehlikesi konusunu işlemiştir. Allah kendisini mükafatlandırsın, o bu risâlede amelî, kasdî, iradî ve talebî tevhîdi açıkladı. Bu tevhîd, ulûhiyyetin tevhîdidir. Peygamberler bu tevhîde çağırmış, kitaplar bunun için indirilmiş, savaş kılıçları bunun için çekilmiş ve peygamberlerle ümmetleri arasındaki mücadele ve tartışmalar hep bu konuda olmuştur. Bu kadar önemli olmasına rağmen bu konuda pek çok yanlışlıklar ve eksiklikler vâki olmaktadır. Tevhîd iddiasında bulunmalarına rağmen insanların pek çoğu bunun gereğini yerine getirmemektedir. Pek çok kimse tevhîde zarar veren bazı şeyleri bilmezlikten gelmekte ve şirke düşüren bazı şeyler hakkında onların câiz olduğunu veya tevhîde aykırı olmadığını zannederek dikkatsiz davranmaktadırlar. Müellif, bunun büyük bir hata olduğunu, tevhîdin dinin temeli, ibâdet ve itaatlerin kabulünün ilk şartı olduğunu, her türlü saygı yoluyla yaratıcıya saygıyı, kalbi ona bağlamayı; ister sevgi, korku, ümit, tevekkül, tevbe ve yönelme gibi kalbî olsun, ister rükû, secde, tavaf ve bedenî amel gibi bedenî olsun, ister kurban ve adak gibi mâlî olsun, isterse itaat, tazîm, yüceltme, ihtiram, Allah'a ve mü-minlere yakınlaşma, kâfirlerden uzak durma gibi hepsini birleştiren cinsden olsun, bütün ibâdetleri O'na tahsis etmenin gerektirdiğini ifade etmiştir. Allah kendisini hayırla müka-fatlandırsın.

Şüphesiz bu risâle çok önemli bir konuma sahiptir. Bu sebeple biz her müslümanı bunu okumaya, kendi nefsinde tatbik etmeye ve öğrendikten sonra onunla amel etmeye çağı-rıyoruz. Böylece müslümanların durumları-nın düzeleceğini, Yaratıcıyı birlemeye, sade-ce O'na ta'zime yöneleceklerini ve mahlukâtı gözlerinde büyültmeyeceklerini umuyoruz. Allah en iyi bilendir. Allah'ın salât ve selamı Muhammed'e, onun âilesine ve ashâbına ol-sun.

Abdullah b. Abdirrahman el-Cibrîn

MUKADDİME

Hamd Allah'a mahsustur. O'na hamd eder, O'ndan yardım ister ve O'na istiğfar ederiz. Nefislerimizin şerrinden ve amellerimizin kötülüklerinden Allah'a sığınırız. Allah kime hidâyet ederse artık onu kimse saptıramaz, kimi saptırırsa onu da kimse hidâyete erdiremez. Allah'tan başka hak ilâh olmadığına, O'nun tek ve ortaksız olduğuna, Muhammed'in de O'nun kulu ve elçisi olduğuna şehâdet ederim.

﴿يَا أَيُّهَا الَّذِينَ آمَنُوا اتَّقُوا اللَّهَ حَقَّ تُقَاتِهِ وَلَا تَمُوتُنَّ إِلَّا وَأَنتُم مُّسْلِمُونَ ١٠٢﴾ [آل عمران: ١٠٢]

"Ey îmân edenler! Allah'tan hakkıyla korkun ve ancak müslümanlar olarak can verin." (Âl-i İmrân, 3/102)

﴿يَـٰٓأَيُّهَا ٱلنَّاسُ ٱتَّقُوا۟ رَبَّكُمُ ٱلَّذِى خَلَقَكُم مِّن نَّفْسٍ وَٰحِدَةٍ وَخَلَقَ مِنْهَا زَوْجَهَا وَبَثَّ مِنْهُمَا رِجَالًا كَثِيرًا وَنِسَآءً ۚ وَٱتَّقُوا۟ ٱللَّهَ ٱلَّذِى تَسَآءَلُونَ بِهِۦ وَٱلْأَرْحَامَ ۚ إِنَّ ٱللَّهَ كَانَ عَلَيْكُمْ رَقِيبًا ۝١﴾ [النساء: ١]

"Ey insanlar! Sizi bir tek nefisten yaratan ve ondan da eşini yaratan ve ikisinden bir çok erkekler ve kadınlar üretip yayan Rabbinizden sakının. Adını kullanarak birbirinizden dilekte bulunduğunuz Allah'tan ve akrabalık hakkına riâyetsizlikten de sakının. Şüphesiz Allah sizin üzerinizde gözetleyicidir." (Nisâ, 4/1)

﴿يَـٰٓأَيُّهَا ٱلَّذِينَ ءَامَنُوا۟ ٱتَّقُوا۟ ٱللَّهَ وَقُولُوا۟ قَوْلًا سَدِيدًا ۝٧٠ يُصْلِحْ لَكُمْ أَعْمَـٰلَكُمْ وَيَغْفِرْ لَكُمْ ذُنُوبَكُمْ ۗ وَمَن يُطِعِ ٱللَّهَ وَرَسُولَهُۥ فَقَدْ فَازَ فَوْزًا عَظِيمًا ۝٧١﴾

[الأحزاب: ٧٠ - ٧١]

"Ey îmân edenler! Allah'tan korkun ve doğru söz söyleyin (böyle davranırsanız) Allah işlerinizi düzeltir ve günah-

larınızı bağışlar. Kim Allah ve Rasûlüne itaat ederse büyük bir başarı elde etmiş olur." (Ahzâb, 33/70-71)

İmdi, şüphesiz sözün en doğrusu Allah'ın kitabıdır, en güzel önderlik Muhammed *sallallahu aleyhi ve sellem*'in önderliğidir. İşlerin en kötüsü sonradan uydurulanlardır. Her sonradan uydurulan şey bid'attir. Her bid'at, sapıklıktır. Her sapıklığın sonu cehennemdir.

Gelelim konumuza:

Allah teâlâ insanları yarattı ve kendisine ibâdet edilmesi ve birliğine inanılması için kitaplar indirdi, peygamberler gönderdi.

﴿ وَمَا خَلَقْتُ ٱلْجِنَّ وَٱلْإِنسَ إِلَّا لِيَعْبُدُونِ ﴿٥٦﴾ ﴾

[الذاريات: ٥٦]

"Cinleri ve insanları, bana ibâdetten başka bir amaçla yaratmadım." (Zâriyat, 51/56)

﴿ وَمَآ أَرْسَلْنَا مِن قَبْلِكَ مِن رَّسُولٍ إِلَّا نُوحِىٓ إِلَيْهِ أَنَّهُۥ لَآ إِلَٰهَ إِلَّآ أَنَا۠ فَٱعْبُدُونِ ﴿٢٥﴾ ﴾ [الأنبياء: ٢٥]

"Senden önce hiçbir peygamber göndermedik ki ona: Benden başka hak ilâh yoktur; şu halde bana ibâdet edin, diye vahyetmiş olmayalım." (Enbiyâ, 21/25)

Muhammed *sallallahu aleyhi ve sellem,* büyük bir cehalet ve kör bir sapıklık içinde yaşayan bir topluluğa, peygamber olarak gönderildi. Şirk, onların dinlerinin esası, putlar ise rableri ve efendileriydi.

Peygamber *sallallahu aleyhi ve sellem* onlara saf tevhîd inancını getirdi ve onlara bütün çeşitleri ve cinsleriyle şirki yasakladı. Bu uğurda pek çok eza ve cefa ile karşılaştı ve sonuna kadar sabretti. Nihâyet Allah nûrunu tamamladı ve insanlar bölük bölük Allah'ın dinine girdi.

﴿إِذَا جَآءَ نَصۡرُ ٱللَّهِ وَٱلۡفَتۡحُ ﴿١﴾ وَرَأَيۡتَ ٱلنَّاسَ يَدۡخُلُونَ فِي دِينِ ٱللَّهِ أَفۡوَاجٗا ﴿٢﴾ فَسَبِّحۡ بِحَمۡدِ رَبِّكَ وَٱسۡتَغۡفِرۡهُۚ إِنَّهُۥ كَانَ تَوَّابَۢا ﴿٣﴾﴾

[النصر: ١ - ٣]

"Allah'ın yardımı ve zaferi gelip de in-

sanların bölük bölük Allah'ın dinine girmekte olduklarını gördüğün vakit Rabbine hamd ederek O'nu tesbih et ve O'ndan mağfiret dile. Çünkü O, tevbeleri kabul edendir." (Nasr, 110/1-3)

Bu sûre Kur'ân'ın en son nâzil olan sûrelerindendir. Bu sûre, Rabbinin murâdı gerçekleşinceye kadar Peygamber *sallallahu aleyhi ve sellem* çok büyük bir gayret sarfettiğine delâlet eden şeylerdendir. Bu gayretler neticesinde Allah teâlâ bu ümmeti karanlıklardan aydınlığa çıkardı ve onları doğru yola hidâyet etti.

Ümmetin kurtuluşuna ve onların cehâlet ve geri kalmışlığın karanlıklarından, ilmin ve îmânın aydınlığına çıkarılmasına şiddetle ihtiyaç vardır.

Bundan dolayıdır ki bu büyük gayenin gerçekleşmesi için davetçiler ve ıslahatçılar çok çalıştılar. Kanlarını, canlarını ve mallarını verdiler. Çeşit çeşit cemaatler ve yöntemler ortaya çıktı. Müslüman daima şu sorunun üzerinde durdu: Bu çalışmalar -bu kadar büyük çapta olmalarına rağmen- acaba niçin semere vermedi? Rabbinin merhamet ettiği hariç azim ve iyimserliğin yerini yeis ve ümitsizlik aldı. Düşündüğümüzde bunun pek çok sebebinin olduğunu görürüz. Metotta yanlışlıklar, yolda kayganlıklar buluruz. Gelinen noktada bu durumun ümmet, cemaatler ve fertler seviyesindeki en bâriz sebebi tevhîdin öğrenilmesi, öğretilmesi, anlaşılması ve uygulamasındaki kusur ve ihmallerdir. İnsanlar bu konuda ifrat ve tefrit arasındadırlar. Tedavi, hastalığın teşhisine göre yapılır. Bunu ancak bilenler düşünür/akleder.

Bütün bunlardan dolayı bazı dostlar benim bu konuya hastalığı teşhis ve tedaviyi beyân ederek bir ışık tutmamı önerdiler. İşte "Önce Tevhîd" isimli bu risâle, bu kıymetli taleplere bir cevap olmak üzere ve ümmetin düştüğü yerden kalkması, uykusundan uyanması ve Rabbinin yolunu açıkça görmesi için îmânın bu büyük rüknünün önemine kanaat getirilsin diye yazılmıştır. Bunları gördüğümüz zaman bu ümmet hem söz, hem de fiil olarak

Allah'ın kitabına sarılacak, Peygamberi *sallallahu aleyhi ve sellem*'in izinden gidecek ve ümmetin hayırlı geçmişinin yolundan yürüyecektir. Bu risâleye "Önce Tevhîd" ismini verdim, çünkü bu ümmetin evveli hangi şey ile düzelmiş ve kurtulmuş ise sonu da ancak onunla düzelip kurtulacaktır.

Yazarını ve okuyucusunu bu risâleden yararlandırmasını, kendi rızasına uygun kılmasını ve kıyâmet gününde benim için bir azık olmasını Yüce Allah'tan dilerim. Allah'ın salât ve selamı Peygamberimiz Muhammed'e, âilesine ve bütün ashâbına olsun.

Prof. Dr. Nâsır el-Umer

BU KONUDA YAZMANIN ÖNEMİ

Bu önemin aşağıdaki unsurlardan/sebeplerden kaynaklandığı açıktır:

1- Genel olarak ümmete, özel olarak da davetçilere ve ilim tâliplerine nasihatın vâcipliği Peygamber *sallallahu aleyhi ve sellem*'den sâbit olmuştur.

Nitekim o, üç defa arka arkaya:

«الدِّينُ النَّصِيحَةُ قُلْنَا لِمَنْ قَالَ لِلَّهِ وَلِكِتَابِهِ وَلِرَسُولِهِ وَلأَئِمَّةِ الْمُسْلِمِينَ وَعَامَّتِهِمْ».

"Din nasihattir, din nasihattir, din nasihattir." demiştir. Sahabîler: "Ya Rasûlallah, kimin için nasihattir? diye sorduklarında şöyle cevap vermiştir: "Allah için, Kitabı için, Rasûlü için, müslümanların yöneticileri için ve müslümanların tamamı için nasihattir."[1]

2- Allah insanları yarattı; tevhîdi öğretmek ve gerçekleştirmek için kitaplar indirip peygamberler gönderdi.

﴿ وَمَا خَلَقْتُ ٱلْجِنَّ وَٱلْإِنسَ إِلَّا لِيَعْبُدُونِ ﴿٥٦﴾ ﴾

[الذاريات: ٥٦]

"Cinleri ve insanları, bana ibâdetten başka bir amaçla yaratmadım." (Zâriyat: 51/56)

Yani beni tevhîd etmekten/birlemekten başka bir amaçla yaratmadım.

3- Tevhîde verilen önemin zayıflaması, ikinci plana düşmesi onun teferruatı durumundaki şeylerle meşguliyet sebebiyle onun ihmal edilmesi. Tevhîdle ilgili derslere, konferanslara ve yazılara baktığımız zaman bunların onun önemiyle uyumlu olmadığını görürüz.

4- Tevhîdin yanlış anlaşılması, parçalanması ve bazı bölümlerinin ihmal edilmesi. Bu

---

(1) Muslim (1/74) No: 55

durum bu risâlede açıklığa kavuşturulacaktır.

5- Tevhîdi ders olarak görmelerine ve öğrenmelerine rağmen müslümanların pek çoğunun üzerinde onun etkisinin zayıflaması.

6- Tevhîd düşmanlarının tevhîd konusunda söz söylemekten vazgeçilmesini istemeleri, buna ters bakmaları ve tevhîdle ilgili bazı yöntem ve programları iptal etmeleri.

7- Bid'atlerin ve bazı sözlü ve fiilî şirklerin yayılması.

8- Tevhîdin nazarî bir bilgiye indirgenmesi. Hatta bunu felsefe ve kelam konularına dâhil edenler bile vardır.

9- Pekçok müslümanın Allah'a ve müminlere dost olmak (:velâ) ve kâfirlerden ve müşriklerden uzak olmak (:berâ) gibi akîde esaslarını bilmemeleri

10- Bu ümmetin sonunun ancak ilkinin düzeldiği ve kurtulduğu şeyle düzelecek olması. Önce tevhîd olmadıkça düzelme ve kurtuluş olmayacaktır.

11- Tevhîde yoğunlaşmayı ve işe onunla başlamayı; ümmetin birliği, İslâm halklarının kaynaşması ve davetçilerin sözlerinin bir noktada birleştirilmesi önünde bir engel olabileceğini düşünenlerin bulunması.

Bunlar zanlarınca tefrikaya düşme korkusuyla akîde konularını tartışmaktan uzak dururlar ve insanları âlimler nazarında sâbit olmayan genel şeyler üzerinde toplarlar. Anlayışları ve yaptıkları kötü olduğu halde iyi yaptıklarını zannederler.

Yukarıdaki sebeplerden dolayı "Önce Tevhîd" konusunun aşağıdaki uyarılarla birlikte incelenmesinin önemi bizim için gâyet açıktır:

a- Bu risâle kendi başlığı üzerinde deveran edecektir. Başından sonuna kadar problemin "Önce Tevhîd" olduğunu te'yid edip kanıtlayacaktır.

b- Akîde problemlerini tartışmaya, tevhîdin kısımlarının ayrıntılarına ve bununla ilgili şeylere girmeyeceğim. Çünkü buradaki maksadımız bunlar değildir. Başlıkla ilgili anlatılacak şeyler bu risâlenin tabiatının ve konusunun gerektirdiği şeylerdir.

c- Kısa anlatımı tercih ettim. Konudan kapmamak, anlaşılmasını ve kavranmasını kolaylaştırmak arzusuyla ve daha iyi yayılsın ve daha kolay okunsun diye ayrıntıya girip uzatmadım.

d- Arzumun hilafına bir şey anlar ve ibareye taşımayacağı bir anlamı yükler diye acelecinin acele etmemesini umut ediyorum. Benim sözlerimin bir kısmı diğerini açıklar. Bazı cümleleri ve ibareleri, öncekilerinden ve sonrakilerden bağımsız olarak ele almak maksada aykırı yanlış bir kanaate yol açabilir. Bu fiil, müminlerin ahlâkından değildir. Yardımcımız Allah'tır.

* * *

TEVHÎD'İN TARİFİ VE BÖLÜMLERİ

Tevhîd'in Tarifi:

I. Tevhîd'in sözlük anlamı ayırmak/ayrı tutmak/bir ve ayrı olduğunu söylemek demektir.

Bir şey ancak şu iki hususun gerçekleştirilmesiyle başka şeylerden ayrılır ve tek olduğu söylenmiş olur:

1- Tam ispat (olumlama)

2- Genel/umumî nefy (olumsuzlama, reddetme)

Mesela, "Zeyd ayaktadır" dediğin zaman, başkalarının da ayakta olma ihtimalinden dolayı ayakta olma eyleminin sadece Zeyd'e ait olduğunu söylemiş olmazsın.

Fakat meselâ, "Zeyd'den başka ayakta olan kimse yoktur" dediğin zaman, ayakta olma eylemini sadece ona tahsis edip başkalarından bunu genel olarak nefyettiğin/reddettiğin için Zeyd'i başkalarından/genelden, ayırmış, onun bu konuda tek olduğunu söylemiş olursun.

II. Şerîatte Tevhîd: Allah'ı kendi haklarıyla başkalarından ayırmaktır/birlemektir.

Allah'ın hakları üçtür

1- Hükümranlık hakları

2- İbâdet hakları

3- İsim ve sıfat hakları

Tevhîdin Bölümleri:

Alimler nasların tamamını inceleyerek çıkan sonucun tevhîdin üç kısma ayrıldığını ifade ettiğini söylediler. Bunlar:

1- Rubûbiyyetin Tevhîdi

2- Ulûhiyyetin Tevhîdi

3- İsim ve Sıfatlarının Tevhîdi.

Şeyhulislâm İbn Teymiyye ve öğrencisi İbn'l-Kayyim gibi bazı âlimler ise tevhîdi iki kısma ayırırlar:

1- Marifet ve ispatta tevhîd: Bu rubûbiyyetin ve isim ve sıfatların tevhîdidir.

2- Talep ve yönelmede tevhîd: Bu da, ulûhiyetin tevhîdidir.

* Bu Bölümlerin Açıklaması:

1- Rubûbiyetin Tevhîdi:

Allah teâlâ'yı yaratmada, hükümranlıkda, yönetmede birlemektir. Bu -aynı zamanda- Allah'ı fiillerinde birlemektir.

Allah'ı yaratmada birlemenin delili şu âyetlerdir:

﴿هَلْ مِنْ خَالِقٍ غَيْرُ اللَّهِ﴾ [فاطر: ٣]

"Allah'tan başka bir yaratıcı mı var?"

(Fâtır, 35/3)

﴿ أَفَمَن يَخْلُقُ كَمَن لَّا يَخْلُقُ ۗ ﴿١٧﴾ ﴾ [النحل: ١٧]

"Hiç yaratan (Allah), yaratmayan gibi olur mu?" (Nahl, 16/17)

Kulların fiilleri de O'nun yarattığı şeylerdendir. Nitekim Allah teâlâ şöyle buyurmaktadır:

﴿ وَاللَّهُ خَلَقَكُمْ وَمَا تَعْمَلُونَ ﴿٩٦﴾ ﴾ [الصافات: ٩٦]

"Sizi ve yapmakta olduklarınızı Allah yarattı." (Sâffât, 37/96)

Allah'ı hükümranlıkta birlemenin delili şu âyetlerdir:

﴿ تَبَارَكَ الَّذِي بِيَدِهِ الْمُلْكُ وَهُوَ عَلَىٰ كُلِّ شَيْءٍ قَدِيرٌ ﴿١﴾ ﴾ [الملك: ١]

"Mutlak hükümranlık elinde olan Allah yüceler yücesidir." (Mülk, 67/1)

﴿ قُلْ مَنْ بِيَدِهِ مَلَكُوتُ كُلِّ شَيْءٍ وَهُوَ يُجِيرُ وَلَا يُجَارُ عَلَيْهِ إِن كُنتُمْ تَعْلَمُونَ ﴿٨٨﴾ ﴾

[المؤمنون: ٨٨]

"Eğer biliyorsanız söyleyin, her şeyin hükümranlığı kendisinin elinde olan, kendisi her şeyi koruyup kollayan, fakat kendisi korunmayan (buna muhtaç olmayan) kimdir?" (Mü'minûn, 23/88)

Yönetimde birlemenin delili şu âyettir:

﴿أَلَا لَهُ ٱلْخَلْقُ وَٱلْأَمْرُ﴾ [الأعراف: ٥٤]

"Bilesiniz ki yaratmak ve emretmek O'na mahsustur." (A'raf, 7/54)

Burada emretmekle kastedilen yönetmektir.

Allah'ın Yarattıkları İçin Rubûbiyyetinin Kısımları:

Allah'ın yarattıklarına Rabliği iki türlüdür:

Birincisi genel manada rubûbiyyettir ki bütün mahlûkatı kapsar. Bu, onları sadece Allah'ın yaratmış olması, rızık vermesi ve yönetmesidir.

İkincisi özel manada rubûbiyyettir ki bu,

Allah'ın veli ve seçkin kullarına tahsis ettiği rubûbiyyettir. Yani onları dine ve îmâna hidâyet ederek terbiye etmesidir.

Şeyh es-Sa'dî, Tefsîrinde (1/14) şöyle dedi:

Allah teâlâ'nın yarattıklarını terbiyesi iki türlüdür: Genel ve Özel.

Allah'ın Genel Terbiyesi: Onları yaratması, rızık vermesi ve yararlarına olan şeylere ulaşmaları için onlara hidâyet etmesidir/yol göstermesidir. Dünyada yaşamaları da bunların içindedir.

Allah'ın Özel Terbiyesi: Allah'ın velilerini terbiye etmesidir. Allah onları îmân ile terbiye eder, îmân da onları başarılı kılar, onları kemâle erdirir ve kendisi ile onlar arasındaki her türlü engeli uzaklaştırır.

Bunun hakikati, Allah'ın her türlü iyiliğe muvaffak kılması ve her türlü kötülükten korumasıdır.

Peygamberlerin yaptıkları duaların çoğunu "Rab" lafzıyla yapmalarının sırrı belki de bu manada gizlidir. Çünkü onların taleplerinin tamamı bu özel rubûbiyetin anlamı içine girer.

☐ Kişinin Müslüman Olması İçin Rubûbiyyetin Tevhîdini (Yani Allah'ın Rabliğini) Birlemesi Yeterli Değildir:

Rubûbiyyetin birlenmesi bir kimsenin müslüman olması için yeterli değildir. Ayrıca bununla beraber bunun gereği olan ulûhiyyetin tevhîdinin de yerine getirilmesi gerekir. Çünkü Allah teâlâ müşrikleri anlatırken onların sadece rubûbiyyetin tevhîdini kabul ettiklerini söyledi ve şöyle buyurdu:

﴿ وَلَئِن سَأَلْتَهُم مَّنْ خَلَقَهُمْ لَيَقُولُنَّ ٱللَّهُ فَأَنَّىٰ يُؤْفَكُونَ ﴿٨٧﴾ ﴾ [الزخرف: ٨٧]

"Onlara kendilerini kimin yarattığını sorsan elbette Allah derler. O halde nasıl (yalnız Allah'a ibâdetten) çevriliyorlar?" (Zuhrûf, 43/87)

﴿ وَلَئِن سَأَلْتَهُم مَّن نَّزَّلَ مِنَ ٱلسَّمَآءِ مَآءً فَأَحْيَا بِهِ ٱلْأَرْضَ مِنۢ بَعْدِ مَوْتِهَا لَيَقُولُنَّ ٱللَّهُ ﴾ [العنكبوت: ٦٣]

"Onlara: Gökten su indirip onunla ölümünün ardından yeryüzünü canlandıran kimdir? diye sorsan, mutlaka, Allah derler." (Ankebût, 29/63)

O halde açıkça anlaşılmaktadır ki kafirler hem Allah'ı tanıyorlar, hem de O'nun rubûbiyyetini, hükümranlığını ve üstünlüğünü kabul ediyorlardı, fakat bu, onların İslâm'a girmeleri için yeterli olmadı.

2- Ulûhiyyetin Tevhîdi:

Bu, ibâdetlerle Allah'ın birlenmesidir. Bunun temeli, zâhirî ve bâtınî bütün ibâdetleri sadece Allah'a yapmaktır; değil başkasına, Allah'a yakın bir melek veya gönderilmiş bir peygamber bile olsa Allah'tan başkasına hiçbir şekilde ibâdet etmemektir. Bu tevhîd Allah'ın şu âyetlerinin ihtiva ettiği tevhîddir:

﴿إِيَّاكَ نَعْبُدُ وَإِيَّاكَ نَسْتَعِينُ ۝٥﴾ [الفاتحة: ٥]

"Yalnız sana ibâdet eder ve yalnız senden yardım isteriz." (Fâtiha, 1/5)

﴿ فَٱعْبُدْهُ وَتَوَكَّلْ عَلَيْهِ ۚ وَمَا رَبُّكَ بِغَٰفِلٍ عَمَّا تَعْمَلُونَ ﴿١٢٣﴾ ﴾ [هود: ١٢٣]

"O halde O'na ibâdet et ve O'na dayan! Rabbin yaptıklarınızdan gafil değildir." *(Hûd, 11/123)*

﴿ وَٱعْبُدْ رَبَّكَ حَتَّىٰ يَأْتِيَكَ ٱلْيَقِينُ ﴿٩٩﴾ ﴾ [الحجر: ٩٩]

"Ve sana yakîn (:ölüm) gelinceye kadar Rabbine ibâdet et." *(Hicr, 15/99)*

Bu, -aynı zamanda- kulların, fiilleriyle Allah'ı birlemeleridir. Bu tevhîd, dinin başlangıcı ve sonudur, zâhiri ve bâtınıdır. Bu, peygamberlerin ilk ve son çağrısıdır. Bu, "la ilâhe illallah" sözünün anlamıdır. Bu tevhîd için kâinat yaratılmış, peygamberler gönderilmiş ve kitaplar indirilmiştir. Bunun yüzünden insanlar mümin kafir, cennetlik cehennemlik, bahtiyarlar bedbahtlar diye ayrılmıştır.(2)

Ulûhiyyetin tevhîdiyle birlikte onun gereği olan rubûbiyyetin tevhîdi ve isim ve sıfatların tevhîdinin de yerine getirilmesi gerekir.

---

(2) *Teysiru'l-Azizi'l-Hamîd,* s. 36 -kısaltılarak-

3- İsim ve Sıfatların Tevhîdi:

Bu, Allah teâlâ'nın kitabında ve peygamberlerinin lisanıyla kendisini isimlendirdiği ve vasıflandırdığı şeylerle O'nu birlemektir/ bunları sadece Allah'a tahsis etmektir. Bu, tahrîf ve ta'tîle, tekyîf ve temsîle[3] düşmeksizin Allah'ın ispat ettiği/var olduğunu söylediği şeyleri ispat etmekle/O'nu nitelemekle olur.[4]

☐ Bu Tevhîdin Esasları:

İsim ve sıfatların tevhîdi üç esas üzerinde durur. Bunlara muhalefet eden kimse isim ve sıfatlarda Rabbini birlemiş olmaz.

---

(3) **Ta'til:** Allah'ın sıfatlarını kabul etmemek, yahut bazılarını kabul edip bazılarını kabul etmemektir.
Tahrif: Nasları lafzan veya mana itibarıyla değiştirip onu zâhir (:açık, kuvvetli) anlamından uzaklaştırmak ve ancak zayıf bir ihtimalin delâlet ettiği manaya çekmektir. Her tahrif aynı zamanda bir ta'tildir, fakat her ta'til bir tahrif değildir. **Tekyif:** Sıfatların mahiyetlerinin nasıl olduğunu açıklamak. **Temsil:** Bir şeyi her yönden diğerine benzetmek. (Bak: Abdullah b. Abdulhamid el-Eserî, el-İman, s. 121) -çeviren-

(4) *Fetavâ,* eş-Şeyh el-'Useymîn (2/112-113)

Birinci Esas: Allah'ı yarattıklarına benzemekten ve herhangi bir noksanlıktan tenzîh etmek

İkinci Esas: Kur'ân ve Sünnette sâbit olan isim ve sıfatlara, bunlarda hiçbir eksiltme ve artırma yapmaksızın veya tahrîf ve ta'tîle düşmeksizin îmân etmek.

Üçüncü Esas: Bu sıfatların keyfiyetinin idrak edilebileceği ümidini/inancını taşımamak.(5)

☐ Bu Tevhîdin Delilleri:

Allah'ın isimlerine delâlet eden âyetler şunlardır:

﴿وَلِلَّهِ الْأَسْمَاءُ الْحُسْنَىٰ فَادْعُوهُ بِهَا﴾ [الأعراف: ١٨٠]

"En güzel isimler Allah'ındır. O halde O'na o güzel isimlerle dua edin." (A'raf, 7/180)

(5) Bak: eş-Şenkîtî, *Menhecu'd-Dirasat li Âyâti'l-Esma ve's-Sıfat,* s. 3-5

﴿لَهُ ٱلْأَسْمَآءُ ٱلْحُسْنَىٰ﴾ [الحشر: ٢٤]

"En güzel isimler O'nundur." (Haşr, 59/24)

Sıfatlara gelince, Buhârî'nin tahrîc ettiği bir hadîste bir sahabînin, "Bu (sûre) Rahman'ın sıfatıdır." demesini Peygamber *sallallahu aleyhi ve sellem*'in onaylamış olması bunun delilidir.[6]

Bu hadîsin sıhhatini İbn Hazm kabul etmemiştir, fakat bu konuda onun sözüne itibar edilmez. Çünkü hadîs sahîhtir, Buhârî tahrîc etmiştir.

□ Kişinin Müslüman Olması İçin Sadece Bu Tevhîde İnanması Yeterli Değildir:

Müslüman olmak için sadece bu tevhîde inanmak yetmez. Ayrıca, bununla birlikte bunun gereği olan rubûbiyyetin ve ulûhiyyetin tevhîdini de yerine getirmek gerekir.

Kâfirler bu tür tevhîdi inkar etmiyorlardı. Ancak onlardan bazıları, İbn Kesîr'in ve

(6) Buhârî, VIII/165

Teysîru'l-Azîzi'l-Hamîd isimli eserinde Süleyman b. Abdillah'ın da belirttiği gibi bunların bir kısmını ya cehâletlerinden veya inatlarından dolayı inkar edebiliyorlardı.

* * *

TEVHÎDİN FAZÎLETİ

Ubâde b. es-Sâmit *radıyallahu anh*'den rivâyet olunduğuna göre, Peygamber *sallallahu aleyhi ve sellem* şöyle buyurmuştur:

«مَنْ شَهِدَ أَنْ لَا إِلَهَ إِلَّا اللَّهُ وَحْدَهُ لَا شَرِيكَ لَهُ وَأَنَّ مُحَمَّدًا عَبْدُهُ وَرَسُولُهُ وَأَنَّ عِيسَى عَبْدُ اللَّهِ وَرَسُولُهُ وَكَلِمَتُهُ أَلْقَاهَا إِلَى مَرْيَمَ وَرُوحٌ مِنْهُ وَالْجَنَّةُ حَقٌّ وَالنَّارُ حَقٌّ أَدْخَلَهُ اللَّهُ الْجَنَّةَ عَلَى مَا كَانَ مِنَ الْعَمَلِ».

Her kim "Allah'tan başka ibâdet olunacak hiçbir ma'bûd yoktur, yalnız Allah vardır, ortağı yoktur; Muhammed de muhakkak Allah'ın kulu ve O'nun Rasûlüdür. Îsâ da Allah'ın kulu ve Rasûlüdür ve Meryem'in rahmine bıraktığı bir kelimesidir. Ve (bu sûretle) Allah tarafından (hayat verilen) bir rûhtur. Cennetin varlığı haktır/gerçektir, cehennem de haktır ve gerçektir." diye şehâdet ederse ameli ne olursa olsun Allah o kimseyi cennete koyar. Bu hadîsi Buhârî ve Müslim rivâyet etmiştir. (7)

Üzerinde ittifak edilen Itban hadîsinde de Rasûlullah *sallallahu aleyhi ve sellem* şöyle buyurdu:

«إِنَّ اللَّهَ قَدْ حَرَّمَ عَلَى النَّارِ مَنْ قَالَ لَا إِلَهَ إِلَّا اللَّهُ يَبْتَغِي بِذَلِكَ وَجْهَ اللَّهِ».

"Şüphesiz Allah teâlâ rızasını gaye edinerek lâ ilâhe illallah diyen kimseye cehennemi haram etmiştir."(8)

Mûsâ *aleyhisselâm*'nın Rabbi ile konuşmasından söz eden hadîste Rabbinin ona şöyle buyurduğu rivâyet edilir:

«يَا مُوسَى لَوْ أَنَّ السَمَاوَاتِ السَبَعِ وَ عَامِرُهُنَّ غَيْرِي وَألأَرَضِينَ السَبَعِ في كَفَةٍ ، وَلا إِلَهَ إلاَّاللّهُ فِي كَفةٍ، مَالَتْ بِهِنَّ لا إِلَهَ إلاَّ اللّهُ».

---

(7) Buhârî, IV/139; Muslim no: 28. Lafızlar Buhârî'nindir.
(8) Buhârî, I/110; Muslim, I/455

"Ey Mûsâ! Yedi kat gök ve yedi kat yer terazinin bir kefesinde, lâ ilâhe illallah da diğer kefesinde olsa, mutlaka lâ ilâhe illallah'ın bulunduğu kefe ağır gelir." Bunu İbn Hıbbân ve Hâkim rivâyet etti. Hâkim bunun sahîh olduğunu söyledi.[9]

Tevhîdin fazîletine ve şirkin tehlikesine ve büyüklüğüne delâlet eden şeylerden birisi de şu âyettir:

﴿ إِنَّ ٱللَّهَ لَا يَغْفِرُ أَن يُشْرَكَ بِهِۦ وَيَغْفِرُ مَا دُونَ ذَٰلِكَ لِمَن يَشَآءُ ۚ وَمَن يُشْرِكْ بِٱللَّهِ فَقَدِ ٱفْتَرَىٰٓ إِثْمًا عَظِيمًا ﴿٤٨﴾ ﴾ [النساء: ٤٨]

---

(9) Bak: *el-İhsan fi Takribi Sahihu İbn Hibban, XIV/102, no: 6218; Mustedrek, I/528; en-Nesâî, el-Yevmu ve'l-leyle, no: 834 ve 1141; Taberâni, Dua, no: 1480.* Bu hadise, her ne kadar Hakim sahihtir demişse, Zehebi de ona katılmışsa ve İbnu Hacer de *Fethu'l-Bari*'de (XI/211) buna sahihtir demişse de aynı hadisin Derrac Ebi's-Semh'in Ebû'l-Heysem'den yaptığı rivayetinde zayıflık vardır. İbnu Hacer'in kendisi şşyle demiştir: Ebû'l-Heysem'den rivayet ettiği hadiste zayıflık vardır. Bak: et-Takrib, no: 1824; Tehzib, III/208-209. Bu hadise el-Arnavut Şerhu's-Sünne tahricinde (5/55) ve el-İhsan'ın tahkikinde (no: 6218) zayıftır, demiştir. *En iyi Allah bilir.*

"Allah kendisine ortak koşulmasını asla bağışlamaz; bundan başkasını, (günahları) dilediği kimse için bağışlar. Allah'a ortak koşan kimse büyük bir günah ile iftira etmiş olur." (Nisâ, 4/48)

Tevhîd, îmândır, kim Allah'ı birlerse en büyük korku gününde eman (:güvenlik) içinde olacaktır:

﴿ ٱلَّذِينَ ءَامَنُوا۟ وَلَمْ يَلْبِسُوٓا۟ إِيمَـٰنَهُم بِظُلْمٍ أُو۟لَـٰٓئِكَ لَهُمُ ٱلْأَمْنُ وَهُم مُّهْتَدُونَ ﴿٨٢﴾ ﴾ [الأنعام: ٨٢]

"Îmân edenler ve îmânlarına zulmü bulaştırmayanlar var ya, işte güven onlarındır, doğru yolu bulanlar da onlardır." (En'am, 6/82)

Kelime-i Tevhîd "la ilâhe illallah"tır. Bu kelimenin, sahibine, ancak şartları gerçekleştiği zaman faydası olur. Bu şartlar da şunlardır:

1- Red ve kabul yönünden anlamını bilmek/bu kelimelerle neyi reddettiğini ve neyi kabul ettiğini bilmek.

2- Yakîn/kesinlik. Bu kelime-i tevhîdi bilmenin kemâl mertebesidir, şüphe ve tereddüdü ortadan kaldırır.

3- Münafıklığın zıddı olan bir doğruluk/samimiyet.

4- Şirkin zıddı olan ihlas

5- Bu kelimeyi ve delâlet ettiği şeyi sevmek ve bununla sevinç/huzur bulmak.

6- Bu kelimenin hakkını edâya riâyet etmek. Bu kelimenin hakkı Allah'a ihlasla ve O'nun rızasını gaye edinerek gerekli amelleri işlemektir.

7- Reddi ortadan kaldıran kabul.[10]

Tevhîdin faîletleri konusunu şu iki hadîs ile noktalıyoruz:

Buhârî *Sahîh*'inde kendi senediyle Kâtâde'den şöyle aktardı: Enes b. Mâlik, Peygamber *sallallahu aleyhi ve sellem*'in binitinin arkasında Muâz varken -ona- şunları söylediğini bize anlattı:

---

(10) Bak: *Fethu'l-Mecîd, s. 89* ve Şeyh Sâlih el-Fevzan, *Kitabu Lâ ilahe illallah.*

«أَنَّ نَبِيَّ اللَّهِ صَلَّى اللَّهُ عَلَيْهِ وَسَلَّمَ وَمُعَاذُ بْنُ جَبَلٍ رَدِيفُهُ عَلَى الرَّحْلِ قَالَ يَا مُعَاذُ قَالَ لَبَّيْكَ رَسُولَ اللَّهِ وَسَعْدَيْكَ قَالَ يَا مُعَاذُ قَالَ لَبَّيْكَ رَسُولَ اللَّهِ وَسَعْدَيْكَ قَالَ يَا مُعَاذُ قَالَ لَبَّيْكَ رَسُولَ اللَّهِ وَسَعْدَيْكَ قَالَ مَا مِنْ عَبْدٍ يَشْهَدُ أَنْ لَا إِلَهَ إِلَّا اللَّهُ وَأَنَّ مُحَمَّدًا عَبْدُهُ وَرَسُولُهُ إِلَّا حَرَّمَهُ اللَّهُ عَلَى النَّارِ قَالَ يَا رَسُولَ اللَّهِ أَفَلَا أُخْبِرُ بِهَا النَّاسَ فَيَسْتَبْشِرُوا قَالَ إِذًا يَتَّكِلُوا فَأَخْبَرَ بِهَا مُعَاذٌ عِنْدَ مَوْتِهِ تَأَثُّمًا».

Peygamber *sallallahu aleyhi ve sellem*: Ey Muâz! dedi. Muâz: Buyur ya Rasûlallah! diye cevap verdi. Bu hitabı üç defa tekrarladı ve şöyle dedi: Her kim Allah'tan başka hak ilâh olmadığına ve Muhammed'in O'nun elçisi olduğuna kalbinin bütün samimiyetiyle şâhitlik ederse Allah ona cehennemi haram eder. Muâz -bunu duyunca- dedi ki: Ey Allah'ın Rasûlü, bunu insanlara sevinsinler diye haber vermeyeyim mi? Peygamber *sallallahu aleyhi ve sellem* cevaben şöyle dedi: Hayır, buna güvendikleri zaman -ameli terkederler-. Muâz -daha sonra- ilmi gizleme günahından kurtulmak için bunu insanlara bildirdi."(11)

Tirmizî Enes'ten nakletti. şöyle dedi: Rasûlullah *sallallahu aleyhi ve sellem*'i şöyle buyururken dinledim:

«يَا ابْنَ آدَمَ إِنَّكَ لَوْ أَتَيْتَنِي بِقُرَابِ الأَرْضِ خَطَايَا ثُمَّ لَقِيتَنِي لاَ تُشْرِكُ بِي شَيْئًا لأَتَيْتُكَ بِقُرَابِهَا مَغْفِرَةً».

"Ey Ademoğlu! Arz dolusu günahla bana gelsen, sonra bana hiçbir şeyi ortak koşmadan kavuşsan ben de sana arz dolusu mağfiretle (:bağışlama ile) gelirim."(12)

* * *

(11) Buhârî, I/41; Müslim, 32

(12) Tirmizî, no: 3540, el-Elbânî bunun hasen olduğunu sšylemiştir, no: 4338

TEVHÎD PEYGAMBERLERİN ÇAĞRISIDIR

İbn'l-Kayyim *rahimehullah* şöyle dedi: Bütün peygamberler "İyyake na'bûdû ve iyyake nestein (*:yalnız sana ibâdet eder ve yalnız senden yardım dileriz*)" *(Fatiha, 1/5)* âyetine çağırdılar. Onların hepsi birincisinden sonuncusuna kadar, Allah'ı birlemeye ve sadece O'na ibâdet etmeye çağırdılar.

Nuh *aleyhisselâm* dedi ki:

﴿اعْبُدُوا اللَّهَ مَا لَكُمْ مِنْ إِلَٰهٍ غَيْرُهُ﴾ [الأعراف: ٥٩]

"Allah'a ibâdet edin, sizin ondan başka tanrınız yoktur." *(A'raf, 7/59)*

Hûd, Sâlih, Şuayb ve İbrâhîm peygamberler de aynı şeyi söylediler.

Allah teâlâ şöyle buyurdu:

﴿ وَلَقَدْ بَعَثْنَا فِي كُلِّ أُمَّةٍ رَّسُولًا أَنِ ٱعْبُدُوا۟ ٱللَّهَ وَٱجْتَنِبُوا۟ ٱلطَّٰغُوتَ ﴾ [النحل: ٣٦]

"Andolsun ki biz, Allah'a ibâdet edin ve Tâğût'tan sakının, diye emretmeleri için her ümmete bir peygamber gönderdik." (Nahl, 16/36)

﴿ وَمَآ أَرْسَلْنَا مِن قَبْلِكَ مِن رَّسُولٍ إِلَّا نُوحِىٓ إِلَيْهِ أَنَّهُۥ لَآ إِلَٰهَ إِلَّآ أَنَا۠ فَٱعْبُدُونِ ﴿٢٥﴾ ﴾ [الأنبياء: ٢٥]

"Senden önce hiçbir peygamber göndermedik ki ona: Benden başka hak ilâh yoktur; şu halde bana ibâdet edin, diye vahyetmiş olmayalım." (Enbiya, 21/25)

İbn'l-Kayyim dinin tamamının Fatiha'da olduğunu söyledi. Çünkü Fatiha sûresi bütün çeşitleriyle tevhîdi kapsamaktadır.

Fatiha'nın her namazda ve her rekatta tekrarının bir sırrı da budur. Fatihasız namaz eksiktir.

«لَا صَلَاةَ لِمَنْ لَمْ يَقْرَأْ بِفَاتِحَةِ الْكِتَابِ».

"Fatihayı okumayan kimsenin namazı yoktur (:sahîh değildir)."(13) Peygamber *sallallahu aleyhi ve sellem* önce tevhîde davet etmeye başlamıştır. Kureyş'i davet ediyor ve onlara şöyle diyordu:

«قُولُوا لَا إِلَهَ إِلَّا اللَّهُ تُفْلِحُوا».

"Allah'tan başka hak ilâh yoktur deyin, felaha ereceksiniz."(14)

Medine'ye hicret ettiği ve İslâm devletini kurduğu zaman Rabbine kavuşuncaya kadar tevhîde davet etmeye devam etti.

Halifeleri de aynı metot üzerinde yürüdüler. Hatta Ebu Bekir'in ilk yaptığı iş mürtedlerle savaşmak oldu. İstikrar bahanesiyle bu işi ertelemedi, gereğini yerine getirmedikleri müddetçe kelimeyi şehadeti söylüyorlar diye

---

(13) Buhârî, I/184; Müslim, no: 394

(14) Ahmed, 3/492, 4/63, 341, 5/371, 376; Taberânî. Heysemi, Taberânî'nin isnadıyla naklettikten sonra şöyle dedi: Bunun ravileri güvenilir kimselerdir. Ahmed'in isnadı için de aynı şeyi söyledi. Bk. *el-Mecma'*: 6/24-25

bu konuda tolerans göstermedi ve şöyle dedi:

«وَاللّٰهِ لَأُقَاتِلَنَّ مَنْ فَرَّقَ بَيْنَ الصَّلَاةِ وَالزَّكَاةِ».

"Allah'a yemin olsun ki namazla zekâtı birbirinden ayıranlarla savaşacağım."(15) Halifeliği süresince müşriklerle savaşmaktan geri durmadı ve Allah'ı tevhîde (birlemeye) davet hareketi hiç sönmedi. Tâ ki halifelik zayıfladı, ümmet fırkalara ve gruplara parçalandı, mürcie ve mutezile görüşleri yayıldı, işte o zaman tevhîde davete de gereken önem verilmez oldu.

* * *

(15) Bu, zekat vermeyenlerle kelimeyi şehadeti söyledikleri için savaşılmasına karşı çıkan Ömer'e karşı Ebu Bekir'in söylediklerinden bir bölümdür. Ebu Bekir bu savaşın cevazına dair açık deliller getirdi. Bunun üzerine Ömer şöyle demekten kendini alamadı: "Vallahi Allah Ebu Bekir'in gšnlünü bu işe inandırmıştır. Artık ben de bunun doğru olduğunu anladım." Bk: Buhârî, 2/110; Muslim, no:20.

ÜMMETİN BUGÜNKÜ GERÇEĞİ

Tevhîdin manasını, fazîletini ve peygamberlerin daveti olduğunu öğrendikten sonra, tevhîde ne kadar bağlı ve ondan ne kadar uzak olduklarını öğrenmemiz için ümmetin bugünkü durumu üzerinde de bir nebze duralım. Çünkü bazı ilim tâlipleri tevhîd akîdesine bağlı insanlar arasında yaşadıkları ve onlar arasında şirk ve bid'atler az olduğu için işin vahametini tasavvur edemiyorlar. Zannediyorlar ki müslümanların çoğunluğu bu hal üzeredirler. Halbuki gerçek bunun hilafınadır. İşte sana bunun açıklaması:

1- Râfızîler ve İslâm Alemindeki Tehlikeli Rolleri:

Râfızîlerin akîdelerinin tevhîde aykırı olduğunu ve onların tevhîd davetine tahammül edemediklerini açıklamaya ihtiyaç yoktur. Bu metottan nasibini almayıp da başka metotların akıntısında sürüklenenler görmezlikten gelseler de bu, böyledir ve üzerinde fazla durulmaya gerek bırakmayacak açık seçiklikte bilinmektedir.

Ancak ben Râfızîlerin özellikle devletlerini kurduktan sonra dünyanın dört bir yanında tehlikeli bir rol üstlendiklerini beyân etmek istedim.

Râfızîlerin etkileri yeryüzünün doğusuna ve batısına kadar ulaştı. Bu, mübalağasız bir gerçektir. Afganistan'daki mücahitler zafere ulaşmak için Râfızîlerin tasallutundan kurtulmaya çalışıyorlar ve devletlerini kurmanın önündeki engeli ortadan kaldırma uğrunda büyük çabalar sarf ediyorlar.(16) İslâmî cumhuriyetlerdeki durum daha da kötüdür. Sudan'da ülkenin içinde bulunduğu durumu istismar ettiler ve ülkeye nüfuz ettiler.

---

(16) Rus işgalinden sonraki durumdan söz ediyor olabilir. -çeviren-

Afrika'da Ehl-i Sünnet onlardan dolayı büyük güçlüklere katlanıyorlar. Avrupa ve Amerika'da kendi kurumlarını ve merkezlerini kurdular, kitaplarını ve gazetelerini yayınladılar. Hatta ben Avustralya'da bir grup davetçiyle karşılaştım. Onlar bile bu Rafızîlerin tasallutundan ve azgınlıklarından şikâyet ediyorlardı. Onların ayak basmadıkları bir beldeyi çok az buluruz. Bu gerçeği anladığımız zaman tevhîd davetinin ve selef akîdesinin bu adamların elinden ne tür tuzaklara maruz kaldığını öğrenmiş oluruz ve durumun vahametini ve tedaviye başlamanın gerekliliği kavrarız. Bu tedavi de ancak tevhîde öncelik verildiği zaman yapılabilir.

2- Hurafeciler ve İnkar Edilemez Etkileri:

Hurafecilerin tevhîdle çatışmaları yeni değildir. Onların İslâm ülkelerinde bid'atleri yerleştirmek ve şirki yaymak için ne kadar hızlı çalıştıklarını da herkes bilir. Eskiden ve günümüzde emperyalizme nasıl hizmet ettiklerini beyân etmeye ihtiyaç yoktur. İslâm âleminin haritasını önüne alıp inceleyen ve bu hurafecilerin çok olduğu bölgeleri ayrı bir renkle boyayan bir kimse göreceği neticeden dolayı hayrete düşecektir.

Bunlar son zamanlarda daha çok çalışmakta ve kendi metotlarına çağıran ve projeleri için cömertçe harcamalar yapan müesseseler kurmaktadırlar.

Onların müesseselerinden tek bir müessesenin, hurafecilerin metotlarını ve akîdelerini desteklemek üzere sarfedilmesi için 500 milyon riyale denk bir kaynağı tahsis ettiğini bilmemiz yeterlidir.

Ve İslâm ülkelerinden birinde hurafeci cemiyetlere kayıtlı üye sayısı beş milyon kişiyi geçmiştir.

3- Ümmetin İçinden Çıkan Fırkaların İlki Haricîler:

Bunların ilk nesli büyük çabalar sarf ettiler ve selefin önünde Ehl-i Sünnet ve'l-Cemaat'ın metoduyla savaştıklarını ilan ettiler.

İsyan bayrağını çektiler, Allah'ın dininde olmayan bid'atleri çıkardılar. Selef onların karşısında kararlı bir şekilde durdu ve onlarla pek çok çatışmaya girdi. Nihâyet güçleri zayıfladı ve etkileri azaldı.

Fakat onlar ara sıra tekrar dönüyorlardı. Zamanımızda Haricîler piyasası tekrar revaç buldu. Hatta onları destekleyen, mezheplerini savunan ve insanları onların metotlarına göre eğiten bir devletin varlığıyla birlikte.

4- İslâm Alemindeki Yaygın Şirkler, Bid'atler ve Bunlara Ait Bazı Görüntüler:

Ölülere yalvarmak ve onlardan medet beklemek, kabirlerin etrafında tavaf etmek, veliler için kurban kesmek... İslâm ülkelerinin durumuna süratle bir göz atacak olursak her ülkede sahibine ibâdet edilen bir veya daha çok kabir buluruz. Mesela bazılarında Hz. Ali'nin kabri, bazılarında Hüseyn'in kabri bulunur. Bir diğerinde Hüseyin'in, bir üçüncüsünde Zeyneb'in ve Bedevî'nin kabri vardır. Bir başka ülkedeki Ebû Eyyub'un kabri de böyledir.

İslâm ülkelerinin pek çoğuna yayılmış sahâbî kabirleri ve bazı sâlihlerin ve evliyanın kabirleri de aynı durumdadır. Halbuki Peygamber *sallallahu aleyhi ve sellem* kabirlerin mescit haline getirilmesini yasaklamıştır. Bu yasak çok sayıda sahîh hadîsde geçmektedir. Bunlardan birisi de Cundub b. Abdillah'ın rivâyet ettiği hadîstir. O şöyle demektedir: Ben Rasûlullah *sallallahu aleyhi ve sellem*'i ölümünden beş gün önce şöyle derken işittim:

«وَإِنَّ مَنْ كَانَ قَبْلَكُمْ كَانُوا يَتَّخِذُونَ قُبُورَ أَنْبِيَائِهِمْ وَصَالِحِيهِمْ مَسَاجِدَ أَلَا فَلَا تَتَّخِذُوا الْقُبُورَ مَسَاجِدَ إِنِّي أَنْهَاكُمْ عَنْ ذَلِكَ».

"Dikkat edin! Sizden öncekiler peygamberlerinin kabirlerini mescit haline getirdiler. Aman ha kabirleri mescit haline getirmeyin, çünkü ben size bunu yasaklıyorum."(17) Bu hadîsi Müslim rivâyet etmiştir.

Peygamber *sallallahu aleyhi ve sellem* ölüm hastalığı esnasında şöyle dedi:

---

(17) Müslim, no: 532

«لَعْنَةُ اللَّهِ عَلَى الْيَهُودِ وَالنَّصَارَى اتَّخَذُوا قُبُورَ أَنْبِيَائِهِمْ مَسَاجِدَ يُحَذِّرُ مَا صَنَعُوا».

"Peygamberlerinin kabirlerini mescit haline getiren Yahudilere ve Hıristiyanlara Allah lanet etsin. -Onların yaptıklarından sakındırıyordu." (18) Bu hadîsi Buharî ve Müslim birlikte rivâyet etmiştir.

İslâm ülkelerinden birinde bir adamın kabrini her sene iki milyondan fazla kişinin ziyaret ettiğini ve o kabrin başında Allah'tan başka kimsenin bilmediği nice nice şirkleri ve bid'atleri işlediklerini bilmemiz yeterlidir. Acaba İslâm âleminin her tarafında kabirleri ziyaret için yolculuk yapan bid'atçilerin sayısı ne kadardır?

5- İslâm Ülkelerinde Hıristiyanların Çalışmaları:

Hatta körfez ülkelerinde bile Hıristiyanlar

(18) Buharî 1/112; Muslim, no: 531

vardır. Hatta bu ülkelerden bazılarında Hıristiyanların kiliseleri açık bulunmaktadır.

Halbuki Allah teâlâ şöyle buyuruyor:

﴿وَلَن تَرۡضَىٰ عَنكَ ٱلۡيَهُودُ وَلَا ٱلنَّصَٰرَىٰ حَتَّىٰ تَتَّبِعَ مِلَّتَهُمۡ ﴿١٢١﴾﴾ [البقرة: ١٢٠]

"Sen onların dinlerine uymadıkça Yahudiler ve Hıristiyanlar senden asla râzı olmayacaklardır." (Bakara, 2/120)

6- Özellikle Asyalı İşçiler Yoluyla Gelen Putperestler:

Babur Mescidi'nin Hindular tarafından yakılması olayı bu söylediğimizin en iyi delilidir.

7- Sihirbazların ve Düzenbazların Yaygınlaşması:

Hatta iş o noktaya varmıştır ki bir adam geliyor ve: Filan sihirbaz kadının evi nerede? diye soruyor.

Körfez ülkelerindeki bazı gazeteler bu sihirbazlarla çok sayıda röportajlar yapmışlardır.

Zaman zaman bunların resimleriyle birlikte adreslerini ve telefonlarını yayınlayan gazeteler vardır.

Yıldızlar ve burçlar adı altında yayınlanan şeyler de bu konuya dahildir.

8- Ve son olarak:

Bid'at veya şirk sözler, tevhîde veya onun kemâline aykırı haram ameller. Allah'tan başkası adına yemin etmek, Allah'tan başkasının fayda veya zarar vereceğine inanmak, doğum günlerini ve peygamberimizin doğumunu kutlamak, muska asmak, avuç okumak, burçların ve yıldızların etkisine inanmak vs. gibi.

İslâm alemindeki durumun genel görünümü işte budur. Bu durum, işin vahametini ve onları kurtarmak için bir teşebbüste bulunmanın gerekliliğini yeterince açıklıyor. Onlar ister şirk içine düşmüş olsunlar, isterse bid'at ve hurafelere düşmüş olsunlar farketmiyor. Şirk içine düşenler namaz kıldıkları ve haccettikleri için kendilerini müslüman zannediyorlar, bid'at ve hurafeciler de kendilerinin Ehl-i Sünnet ve'l-Cemaat'ten olduklarını sanıyorlar.

Bu mübârek İslâmî diriliş bu probleme yönelik etkili bir ilgiye dönüşürse durumlar değişir. Bu ancak önceliklere önem verildiği ve "Önce Tevhîd" denildiği zaman olur.

* * *

DOST VE DÜŞMAN ANLAYIŞINDA ÇARPIKLIK

Allah teâlâ şöyle buyurmuştur:

﴿وَمَن يَتَوَلَّهُم مِّنكُمْ فَإِنَّهُۥ مِنْهُمْ﴾ [المائدة: ٥١]

"İçinizden kim Yahudileri ve Hıristiyanları dost edinirse onlardandır." (Mâide, 5/51)

﴿لَّا تَجِدُ قَوْمًا يُؤْمِنُونَ بِٱللَّهِ وَٱلْيَوْمِ ٱلْـَٔاخِرِ يُوَآدُّونَ
مَنْ حَآدَّ ٱللَّهَ وَرَسُولَهُۥ وَلَوْ كَانُوٓا۟ ءَابَآءَهُمْ أَوْ
أَبْنَآءَهُمْ أَوْ إِخْوَٰنَهُمْ أَوْ عَشِيرَتَهُمْ﴾ [المجادلة: ٢٢]

"Allah'a ve âhiret gününe inanan bir toplumun -babaları, oğulları, kardeşleri, yahut akrabaları da olsa- Allah'a ve Rasûlüne düşman olanlarla dostluk

ettiğini göremezsin." (*Mücadele, 58/22*)

﴿ وَلَا تَرْكَنُوٓاْ إِلَى ٱلَّذِينَ ظَلَمُواْ فَتَمَسَّكُمُ ٱلنَّارُ ﴾

[هود: ١١٣]

"Zulmedenlere meyletmeyin, yoksa size de ateş dokunur." (*Hûd, 11/113*)

Peygamber *sallallahu aleyhi ve sellem* şöyle buyurdu:

«أَوْثَقُ عُرَى الإيمَانِ اَلْحُبُّ فِي اللَّهِ والْبُغْضُ فِي اللَّهِ وَالْمُوالاَةُ فِي اللَّهِ وَالْمُعَادَاةُ فِي اللَّهِ».

"Îmân bağlarının en kuvvetlisi Allah için sevmek, Allah için buğzetmek, Allah için dost olmak ve Allah için düşman olmaktır."(19)

«قَالَ مَنْ أَحَبَّ لِلَّهِ وَأَبْغَضَ لِلَّهِ وَأَعْطَى لِلَّهِ وَمَنَعَ لِلَّهِ فَقَدْ اسْتَكْمَلَ الْإِيمَانَ».

"Kim Allah için sever, Allah için buğzeder, Allah için verir ve Allah için engellerse îmânını

---

(19) Taberânî, *el-Kebir,* no: 10531, 10537. el-Elbânî bunun sahih olduğunu sšyledi. Bk: *Sahihu'l-Cami,' no: 2539*

tamamlamış olur."[20] Bu hadîsi Ahmed; Muâz, Enes ve başkalarından rivâyet etti.

Müslümanların bugünkü durumunu inceleyen kimse müminlere dost ve yakın olma, kafirlerden uzak durma anlayışının zayıfladığını görür. Bu, tevhîdin kemâline aykırıdır.

﴿وَمَن يَتَوَلَّهُم مِّنكُمْ فَإِنَّهُۥ مِنْهُمْ﴾ [المائدة: ٥١]

"İçinizden kim onları dost edinirse onlardandır." (Maide, 5/51)

Bu yöndeki zayıflığın alâmetleri şunlardır:

1- Müslümanların birbirlerine yardım etmede zayıf kalmaları. Pek çok durumda aralarında savaşa varacak kadar birbirlerinin boğazını sıktıklarını, birbirlerine sırt döndüklerini ve ilişkilerini kopardıklarını gördük ve görüyoruz.

2- Giyimde-kuşamda ve âdetlerde kafirle-

(20) Ebû Dâvûd, no: 4681. el-Elbânî bunun sahih olduğunu sšyledi. Bk: *Sahihu'l-Câmi', no: 5965; es-Silsiletu's-Sahiha, no: 380*

re benzemeleri. "Kim bir topluluğa benzerse o onlardandır."

3- Kâfirlerle oturup kalkmak, içli dışlı olmak ve onları sevmek. Zarûret olmadığı halde onların öne geçirilmesi/tercih edilmesi bundan kaynaklanır. Özellikle evlerde, şirketlerde, ziraatte, ticarette ve benzeri yerlerde müslümanların içinde onların yerini alan kimseler bulunmaktadır.

4- Batı hayranlığı, ona katılma temennisi, onun himayesini ve yardımını talep etme ve medya -özellikle canlı yayınlar- vasıtasıyla her gün batı ile birlikte yaşamak.

5- Yahudi ve Hıristiyanlara karşı psikolojik eziklik hissi.

6- İhtiyaç olmaksızın kafirlerin ülkelerine gidip oralara yerleşmek.

Değerli kardeşim, bütün bu görüntüler tevhîde veya onun kemâline aykırı ve zıt değil midir? O halde bunun çıkış yolu neresidir?

* * *

ALLAH'IN İNDİRDİKLERİYLE HÜKMETMEMEK

Tevhîde aykırı şeylerden birisi de Allah'ın indirdiği şeylerle hükmetmeyi terk edip onun dışında beşerî sistemlerle hükmetmektir. Allah teâlâ şöyle buyurmaktadır:

﴿وَمَن لَّمْ يَحْكُم بِمَآ أَنزَلَ ٱللَّهُ فَأُو۟لَٰٓئِكَ هُمُ ٱلْكَٰفِرُونَ ﴿٤٤﴾﴾ [المائدة: ٤٤]

"Kim Allah'ın indirdiği (hükümler) ile hükmetmezse işte onlar kâfirlerin ta kendileridir." (Mâide, 5/44)

﴿فَلَا وَرَبِّكَ لَا يُؤْمِنُونَ حَتَّىٰ يُحَكِّمُوكَ فِيمَا شَجَرَ بَيْنَهُمْ ثُمَّ لَا يَجِدُوا۟ فِىٓ أَنفُسِهِمْ حَرَجًا مِّمَّا قَضَيْتَ وَيُسَلِّمُوا۟ تَسْلِيمًا ﴿٦٥﴾﴾ [النساء: ٦٥]

"Hayır, Rabbine andolsun ki aralarında çıkan anlaşmazlık hususunda seni hakem kılıp sonra da verdiğin hükümden içlerinde hiçbir sıkıntı duymaksızın (onu) tam manasıyla kabullenmedikçe îmân etmiş olmazlar." (Nisâ, 4/65)

﴿ أَفَحُكْمَ ٱلْجَٰهِلِيَّةِ يَبْغُونَ ۚ وَمَنْ أَحْسَنُ مِنَ ٱللَّهِ حُكْمًا لِّقَوْمٍ يُوقِنُونَ ﴿٥٠﴾ ﴾ [المائدة: ٥٠]

"Yoksa onlar cahiliye hükmünü mü istiyorlar? İyi anlayan bir topluma göre hükümranlığı Allah'tan daha güzel kim vardır?" (Mâide, 5/50)

Bu konuda bilinen pek çok âyet-i kerîme vardır.

Dini devletten ayırmak, Allah'ın hükmünü ve dinini insanlar üzerinde hâkim olmaktan uzaklaştırmak müslüman ülkelerin çoğunda şu an geçerli olan düşünce ve uygulamadır. Onlar Allah'ın hakkında hiçbir delil indirmediği beşerî kanun ve hükümlerle hükmediyorlar. Bu, açıkça küfür olmasına rağmen bu durumu önemsemeyenler ve hafife alanlar vardır.

Büyük âlim Abdurrahman b. Hasen *Fethu'l-Mecîd* isimli eserinde şöyle der: İnsanlar arasında Allah'ın indirdiğinden başkasıyla hükmetmek sûretiyle Allah'ın ve Rasûlü *sallallahu aleyhi ve sellem*'in emrine muhalefet eden veya nefsinin arzusu ve iradesine uyarak bunu talep eden kimse mümin olduğunu iddia etse bile İslâm'a ve îmâna itaatten sıyrılmış olur. Allah teâlâ şöyle buyurmaktadır:

﴿ أَلَمْ تَرَ إِلَى ٱلَّذِينَ يَزْعُمُونَ أَنَّهُمْ ءَامَنُوا۟ بِمَآ أُنزِلَ إِلَيْكَ وَمَآ أُنزِلَ مِن قَبْلِكَ يُرِيدُونَ أَن يَتَحَاكَمُوٓا۟ إِلَى ٱلطَّٰغُوتِ وَقَدْ أُمِرُوٓا۟ أَن يَكْفُرُوا۟ بِهِۦ وَيُرِيدُ ٱلشَّيْطَٰنُ أَن يُضِلَّهُمْ ضَلَٰلًۢا بَعِيدًا ﴿٦٠﴾ ﴾

[النساء: ٦٠]

"Sana indirilene ve senden önce indirilenlere inandıklarını ileri sürenleri görmedin mi? Tâğût'a inanmamaları ken-

dilerine emrolunduğu halde, Tâğût'un önünde muhakemeleşmek istiyorlar. Halbuki şeytan onları büsbütün saptırmak istiyor." (Nisâ, 4/60)

Burada tevhîdin kemâline aykırı bir başka durum daha vardır o da şudur: İslâm'a bağlılığını ilan eden bazı devletlerde idareyle, ekonomi ile, trafikle ve yerel yönetimlerle ilgili bazı düzenlemeler gibi, Allah'ın Kitabına ve Peygamberi'nin sünnetine aykırı olmayan ve ihtiyaç gereği yapılan bazı kanunî düzenlemeler vardır. Bu düzenlemelerin varlığında herhangi bir sakınca yoktur. Ancak insanların içinde bulundukları gerçek farklı bir durum ortaya çıkarmaktadır. Çünkü onlar Allah'ın emrine ve nehyine karşı göstermedikleri saygıyı bu düzenlemelere karşı gösteriyorlar. Onların durumunu gözlerinde büyütüyor, muhalefet edeni suçluyor, Allah'ın emrine ve hükmüne muhalefet etseydi bir benzerini yapmayacakları ithamları ona yapıyorlar. Hatta onları; şer'î hükümlerin karşısında kendisi için ruhsatları araştırır, şer'î hükümlerin gücünü giderecek, heybetini azaltacak ve onlara muhalefeti kolaylaştıracak genel delillere tutunur bulursun. Artık insanların kafasında/gönlünde beşerî emirlerin ve hükümlerin bir ağırlığı varken dinin yasakları ve şerîatın heybeti onların yanında zayıf kalır. Bunda tevhîdin kemâline aykırı bir durum vardır. Hatta bazan tevhîdden küfre ve şirke de çıkabilir.

﴿وَإِذَا دُعُوٓاْ إِلَى ٱللَّهِ وَرَسُولِهِۦ لِيَحۡكُمَ بَيۡنَهُمۡ إِذَا فَرِيقٞ مِّنۡهُم مُّعۡرِضُونَ ﴿٤٨﴾ وَإِن يَكُن لَّهُمُ ٱلۡحَقُّ يَأۡتُوٓاْ إِلَيۡهِ مُذۡعِنِينَ ﴿٤٩﴾ أَفِي قُلُوبِهِم مَّرَضٌ أَمِ ٱرۡتَابُوٓاْ أَمۡ يَخَافُونَ أَن يَحِيفَ ٱللَّهُ عَلَيۡهِمۡ وَرَسُولُهُۥۚ بَلۡ أُوْلَٰٓئِكَ هُمُ ٱلظَّٰلِمُونَ ﴿٥٠﴾ إِنَّمَا كَانَ قَوۡلَ ٱلۡمُؤۡمِنِينَ إِذَا دُعُوٓاْ إِلَى ٱللَّهِ وَرَسُولِهِۦ لِيَحۡكُمَ بَيۡنَهُمۡ أَن يَقُولُواْ سَمِعۡنَا وَأَطَعۡنَاۚ وَأُوْلَٰٓئِكَ هُمُ ٱلۡمُفۡلِحُونَ ﴿٥١﴾﴾ [النور: ٤٨ - ٥١]

"Onlar, aralarında hüküm vermesi için Allah'a ve Peygamber'e çağırıldıklarında, bakarsın ki içlerinden bir kısmı yüz çevirip dönerler. Ama, eğer (Allah ve

Rasulünün hükmettiği) hak kendi lehlerine ise, ona boyun eğip gelirler. Kalplerinde bir hastalık mı var, yoksa şüphe içinde midirler, yahut Allah ve Rasulünün kendilerine zulüm ve haksızlık edeceğinden mi korkuyorlar? Hayır, asıl zâlimler kendileridir. Aralarında hüküm vermesi için Allah'a ve Rasulüne davet edildiklerinde, müminlerin sözü ancak 'işittik ve itaat ettik' demeleridir. İşte asıl bunlardır kurtuluşa erenler." (Nûr, 24/48-51)

***

TEVHÎDİN ANLAŞILMASINDAKİ EKSİKLİKLER VE BAZI BÖLÜMLERİNDE YAPILAN SINIRLAMALAR

Yukarıda tevhîdin üç bölüme ayrıldığını beyân etmiştim: Rubûbiyyetin tevhîdi, ulûhiyyetin tevhîdi ve isim ve sıfatların tevhîdi.

Ve her bir kısımla birlikte diğer ikisinin de zorunlu olarak var olması gerektiğini, diğer ikisi olmadan birinin yeterli olmayacağını açıklamıştım.

Bazı davetçilerin ve İslâmî cemaatlerin metotları incelendiği zaman tevhîdin bölümlerinden birine önem verip diğerlerini ihmal ettiklerini görürsün. Bazıları işi öyle bir noktaya götürmüşlerdir ki tevhîdin bazı bölümlerini tevhîdden çıkarmışlar ve onlara itibar etmemişlerdir. Bazan da yanılmışlar veya tevhîde ait birtakım mes'elelere önem verenleri, bunların tevhîdten olmadığını zannederek bid'atçılıkla suçlamışlardır.

Bunun sebebi tevhîdi bazı çeşitleriyle sınırlayıp diğerlerine itibar etmemektir. Bazı mes'elelerin ve problemlerin tevhîdle ilişkisini bilmemek bundan kaynaklanmaktadır. Mesela tevhîdin sadece isim ve sıfatların tevhîdinden ibaret olduğunu ve sapık fırkalarla ilgili sözlerin bundan kaynaklandığını düşünenler ve tevhîdin diğer türlerini ihmal edenler vardır.

Bazıları Allah'tan başkasına kurban kesmek veya ölülere dua etmek ve adakta bulunmak, riya ve Allah'tan başkasının adıyla yemin etmek gibi uluhiyyet tevhîdinin bazı bölümleriyle ilgilenirler. Bunların dışındaki mesela Allah'ın indirdiğiyle hükmetmek ve Allah'ın indirdiğiyle hükmetmeyi terketmek sonucu tâğûtlara veya liderlere ve bilginlere ibâdet etmek gibi şeyler onların dikkatini çekmez.

Bir üçüncü grup da vardır ki onlar da tevhîdi sadece hükümranlığı Allah'a tahsis etmek ve sadece O'nun hükmünü kabul etmenin vacipliği olarak görürler, Allah'ın dışındaki rablerden ve tâğûtlardan sakındırırlar, fakat ölüleri Allah'a ortak koşmak, sapık fırkalardan ve onların isim ve sıfatların tevhîdinden sapmalarından söz etmek gibi tevhîdin kalan bölümleriyle hiç ilgilenmezler.(21)

Buna ilave olarak şunu da söylemek istiyorum.

Bazı İslâm ülkelerinde bir kimse veya bir grup kabirler üzerine türbe yapmak, sâlihlerin kabirleriyle teberrük etmek, onların yanında dua etmek gibi konularla ilgili olarak konuştuğu zaman bazı davetçiler derler ki, bu adam böyle şeylerden konuşmaktan zevk alıyor. Bir kimse sapık fırkalardan söz etse, sen bu fırkaları ve ihtilafları yayıyorsun derler.

---

(21) Bir dergide Mutezile ve Hariciler gibi sapık fırkaların ders konusu olarak okutulmasını tenkit eden ve bunların zamanımızda artık olmadığını sşyleyen bir makale yayınlandı. Bu bir bilgisizliktir veya bilmezlikten gelmedir.

Allah'ın şerîatıyla hükmetmenin ve onun dışındakileri terk etmenin vacipliğinden söz etse, bu adam tevhîdden söz ediyor derler. Bazıları da isim ve sıfatlardan ve fırkaların ümmet üzerindeki tehlikesinden söz eden bir kimseyi, tevhîdi ve onun sağlıklı yöntemini gaye edinmekle vasıflandırırlar.

Diğer bir kısım kimseler Allah'ın indirdiği şeylerle hükmetmenin vâcipliğinden söz etseler ve bunu talep etseler onlara, siz siyaset yapıyorsunuz veya fitne çıkarıyorsunuz derler.

Hülasa her bir grubun tevhîdin bir bölümünü ele alıp tevhîdi onunla sınırlandırdığını, onunla tefsîr ettiğini ve diğerlerini tevhîdden çıkardığını görürsün.

Bunların hepsi hatalı ve doğrudan uzaktırlar. Çünkü tevhîd bunların görünüşünden daha kapsamlıdır. Tevhîdin kısımlarından herhangi birisini ihlal eden tevhîdi ihlal etmiş olur.

Tevhîdi üç bölümünü ve onların gereklerini de kapsayacak şekilde anlamak gerekir.

Allah teâlâ şöyle buyurmuştur:

﴿ وَلَقَدْ بَعَثْنَا فِي كُلِّ أُمَّةٍ رَّسُولًا أَنِ اعْبُدُوا اللَّهَ وَاجْتَنِبُوا الطَّاغُوتَ ﴾ [النحل: ٣٦]

"Andolsun biz, Allah'a ibâdet edin ve tâğûttan sakının diye (emretmeleri için) her ümmete bir peygamber gönderdik." (Nahl, 16/36)

﴿ لَا إِكْرَاهَ فِي الدِّينِ قَد تَّبَيَّنَ الرُّشْدُ مِنَ الْغَيِّ فَمَن يَكْفُرْ بِالطَّاغُوتِ وَيُؤْمِن بِاللَّهِ فَقَدِ اسْتَمْسَكَ بِالْعُرْوَةِ الْوُثْقَىٰ لَا انفِصَامَ لَهَا ﴾ [البقرة: ٢٥٦]

"Dinde zorlama yoktur. Artık doğrulukla eğrilik birbirinden ayrılmıştır. O halde kim tâğûtu reddedip Allah'a inanırsa kopmayan sağlam kulpa yapışmıştır." (Bakara, 2/256)

﴿ وَمَا خَلَقْتُ الْجِنَّ وَالْإِنسَ إِلَّا لِيَعْبُدُونِ ﴿٥٦﴾ ﴾ [الذاريات: ٥٦]

"Ben cinleri ve insanları ancak bana ibâdet etsinler diye yarattım." (Zariyat, 56)

İbâdet: Allah'ın sevdiği ve razı olduğu zâhirî ve bâtınî sözleri ve amelleri kapsayan bir isimdir.

Tâğût, Allah'tan başka ibâdet edilen her şeydir. Şeyh Abdurrahman b. Hasen, *Fethu'l-Mecîd*'de şunları söyledi: İbn'l-Kayyim dedi ki: Tâğût, kulun kendisiyle haddini aştığı ibâdet edilen veya tâbi olunan ya da itaat edilen her şeydir. Her toplumun tâğûtu, Allah ve Rasûlünün dışında muhakemeleşmek için başvurdukları veya Allah'ın dışında ibâdet ettikleri veya Allah'tan bir bilgi/delil olmaksızın tâbi oldukları ya da Allah'a itaat olduğunu bilmedikleri şeylerde itaat ettikleri kimselerdir. Bunlar varlık âlemindeki tâğûtlardır. Bu tâğûtları ve bunlarla birlikte insanların durumlarını dikkatlice incelediğinde insanların çoğunun Allah'a ibâdetten yüz çevirip tâğût'a ibâdet ettiklerini, Rasûlullah *sallallahu aleyhi ve sellem*'e itaatten yüz çevirip tâğût'a itaate ve ona uymaya yöneldiklerini görürsün.

Muhammed b. Abdilvehhab *Kitâbu't-Tevhîd*'de şunları söyledi: Bil ki, bir kimse tâğût'u reddetmedikçe mümin olamaz. Bunun delili Allah'ın şu âyetidir:

﴿فَمَن يَكْفُرْ بِالطَّاغُوتِ وَيُؤْمِن بِاللَّهِ فَقَدِ اسْتَمْسَكَ بِالْعُرْوَةِ الْوُثْقَىٰ لَا انفِصَامَ لَهَا﴾ [البقرة: ٢٥٦]

"Kim tâğûtu reddedip Allah'a inanırsa, kopmayan sapasağlam kulpa yapışmış olur." (Bakara, 2/256)

Büyük âlim Abdulaziz b. Bâz yazdığı risâlede tevhîdin kapsamını ve Allah'ın şerîatıyla muhakemeleşmenin vâcipliğini beyân etmek için şunları söyledi: "Sadece Allah'a ibâdet etmek ve tâğûta kulluktan ve onun hükmüne başvurmaktan uzak durmak kelimeyi şehadetin bir gereğidir. Çünkü Allah teâlâ insanların hem Rabbi'dir, hem de İlâh'ıdır. Onları yaratandır, onlara emreden ve onlara yasaklar koyandır. Onlara hayat veren ve öldürendir. Hesaba çekip cezalarını ve mükafatlarını verendir. O'nun dışında hiçbir kimse ibâdete lâyık değil, sadece O ibâdete müstehaktır. Allah teâlâ şöyle buyurmaktadır: *"Dikkat edin, yaratmak da emretmek de O'na aittir."* Nitekim tek yaratıcı O'dur, emreden de O'dur, O'nun emrine itaat etmek vaciptir."

Bütün bunlardan şu sonuca varıyoruz ki bazı insanların tevhîd anlayışında çarpıklıklar bulunmaktadır. Onlar bütünü parçaya tahsis etmekte ve onunla tefsîr etmektedirler.

Onlara tevhîdin kapsamlı bir bütün olduğunu, herbir bölümün diğerini tamamladığını ve birbirine bağlı olduğunu, dolayısıyla bir kısmını alıp diğerini terkeden kimsenin Kitab'ın bir kısmına inanıp bir kısmını inkar etmiş olacağını öğretmemiz gerekir. Allah teâlâ şöyle buyurmaktadır:

﴿أَفَتُؤْمِنُونَ بِبَعْضِ ٱلْكِتَٰبِ وَتَكْفُرُونَ بِبَعْضٍ ۚ فَمَا جَزَآءُ مَن يَفْعَلُ ذَٰلِكَ مِنكُمْ إِلَّا خِزْىٌ فِى ٱلْحَيَوٰةِ ٱلدُّنْيَا ۖ وَيَوْمَ ٱلْقِيَٰمَةِ يُرَدُّونَ إِلَىٰٓ أَشَدِّ ٱلْعَذَابِ ۗ وَمَا ٱللَّهُ بِغَٰفِلٍ عَمَّا تَعْمَلُونَ ﴿٨٥﴾﴾ [البقرة: ٨٥]

"Yoksa siz Kitab'ın bir kısmına inanıp

bir kısmını inkar mı ediyorsunuz? Sizden öyle davrananların cezası dünya hayatında ancak rüsvaylık, kıyâmet gününde ise şiddetli azaba itilmektir. Allah yapmakta olduklarınızdan asla gafil değildir." (Bakara, 2/85)

Kaldı ki kelime-i tevhîd hem reddi hem de ispatı/kabulü içermektedir. Allah'tan başka beşer veya taş veya cin ve şeytan ya da başka bir şey, ne olursa olsun her türlü ma'bûd bu tevhîd kelimesiyle reddedilir ve gerçek kulluğun sadece Allah'a ait olduğu ispat edilir. Retddetmek, kabulden öncedir.

Bununla şu sonuca varırız ki fırkalardan, onların yanlışlıklarından ve sapmalarından söz etmek tevhîdden söz etmek demektir. Ölülere kurban kesmek, adak adamak ve dua etmek gibi şirklerden söz etmek tamamen tevhîdin konusu içine girer. Allah'ın şerîatının hakemliğine razı olmaya ve tâğût'un hükümlerini terk etmeye çağırmak, kafirlerden, beşerî sistemlerden, düşmanların planlarından ve tuzaklarından söz etmek gibi bu ana mes'eleden kaynaklanan diğer mes'elelerin hepsi tevhîde dahildir.

Bizim sâlih selefimiz de tevhîd konusunda bu kapsamlı ve mütekamil anlayışa sahipti ve onu bütün bölümleri ve türleriyle tasnife tâbi tutuyorlardı.

İşte Şeyhulislâm İbn Teymiyye'nin kitapları bizim söylediklerimizin en güzel delilidir. Onun kitaplarında hem sapık fırkalardan söz edilir, hem de şirk ve çeşitlerinden söz edilir. Ayrıca Moğollardan, Tatarlardan ve onların getirdikleri sistemlerden ve yasaklardan söz edilirken Allah'ın şerîatı ile hükmetmenin, ona müracaat etmenin ve diğerlerini terk etmenin vacipliği de anlatılır.

İbn'l-Kayyim, *Medâricu's-Sâlikîn* isimli kitabında şöyle söylemektedir:

İnsanlar arasında Allah'a itiraz üç şekilde cereyan etmektedir:

1- Geçerliliği olmayan şüphelerle Allah'ın isimlerine ve sıfatlarına itiraz.

2- Allah'ın şerîatına ve emrine itiraz

3- Allah'ın fiillerine, kazasına ve kaderine itiraz

Sonra bu itirazların keyfiyetini beyân ediyor. İkinci bölümün altında söylediği şeylerden bazıları şunlardır:

Egemenlerin/idarecilerin yürürlükteki siyasetleri vasıtasıyla Allah'a itiraz edenler de bu bölüme dahildir. Onlar bu siyasetleri Allah'ın ve Rasûlünün hükmüne tercih ettiler, kulları arasında bunlarla hükmettiler, bu sebeple -Allah ve Rasûlünün hükmünü- terk ettiler. Onların yasamaları, adaletleri ve cezaları hep bu siyasete göredir.

Siyasiler dediler ki, siyaset ve şerîat çeliştiği zaman biz siyaseti tercih ederiz.

Her grup, Allah'ın dini ve şerîatı karşısına bir tâğût dikti ve onunla hükmetti.[22]

(22) İbnu'l-Kayyim ve İbnu Teymiyye bunları yazdıkları sırada İslam ülkeleri putperest Moğolların egemenliği altında bunuyorlardı. -çeviren-

Yine İbn Ebi'l-Izz el-Hanefi'yi *Şerhu'l-Akîdeti't-Tahaviyye* adlı eserinde tevhîdin bölümleri hakkında konuşmamak şöyle dursun, bunların hiçbirisini ihmal etmediğini görüyoruz.

Şeyhulislam Muhammed b. Abdulvehhab, *et-Tevhîd* isimli (eşsiz) kitabında tevhîdin bütün çeşitleri hakkında konu başlıkları açmıştır. Bu kitaba müracaat eden ve onu dikkatlice inceleyen bunu açık bir şekilde görür. Bu kitaptaki başlıklardan bazıları şunlardır:

1- Tevhîdin ve kelime-i şehadetin tefsîri babı

2- Allah'tan başkası için kurban kesme hakkında gelen haberler babı

3- Sâlihlerin kabirlerini putlara dönüştüren aşırılıklar hakkında gelen haberler babı

4- Sihir hakkında gelen haberler babı

5- İsim ve sıfatlardan herhangi bir şeyi inkar edenler babı

6- Allah'ın helal kıldığı şeyleri haram kılma ve haram kıldığı şeyleri helal kılma hususunda alimlere ve idarecilere itaat edip böylece Allah'ın yanında onları da Rab edinenler babı

7- *"Sana indirilene ve senden önce indirilenlere inandıklarını ileri sürenleri görmedin mi? Tağuta inanmamaları kendilerine emrolunduğu halde, Tağut'un önünde muhakemeleşmek istiyorlar."* (Nisa, 4/60) âyeti hakkında bab.

8- Kaderi inkar edenler hakkında gelen haberler babı

Ve kitabında ele aldığı diğer konular ve mes'eleler.

Aynı şekilde şeyh Muhammed b. İbrahim'in fetvalarına, şeyh Abdulaziz b. Baz'ın fetvalarına ve şeyh Muhammed b. Useymîn'in fetvalarına müracaat eden kimse, onların da fetvaları, risâleleri ve kitapları arasında tevhîdin bütün bölümlerine önem verdiklerini görür.

Bununla şu sonuca ulaşırız:

Tevhîdi bütün çeşitleriyle ve kısımlarıyla birlikte kapsamlı ve mütekâmil bir şekilde anlamamız ve onun bazı çeşitleri ve sınırlarıyla sınırlandırmamız gerekir. Bu anlayış aynı zamanda onu uygulamayı, ona davet etmeyi ve onu öğretmeyi de gerektirir.

Hiç kimsenin tevhîdin bölümlerinden herhangi bir bölüme -tevhîdi sadece bu bölümle sınırlandırmaksızın- ihtimam gösteren bir cemaati veya davetçiyi, Selef-i Sâlihîn yoluna çağırarak bağlı kaldığı müddetçe, değil sapıklıkla vasfetmesi, onları ayıplaması ve yaptıkları işi küçük görmesi bile câiz değildir. Davetçiler biribirlerini tamamlarlar.

***

TEVHÎD AKÎDESİNİN BAZI MÜSLÜMANLARDAKİ ETKİSİNİN ZAYIFLIŞI

Marifetle ilgili her olgunun üç aşamadan geçmesi gerekir:

Birincisi bilme ve tanıma aşaması

İkincisi, vicdan ve etkileşim aşaması

Üçüncüsü: Amel ve uygulama aşaması

Bunu açıklayacak bir örnek verelim:

Bir adama, değer verdiği bir kimsenin vefat ettiği haberi gelir. Adam içinden de olsa buna üzülür ve etkilenir. Sonra bu durum karşısında yapması gereken şeyleri yapar. Bunlar onun cenazesine iştirak etmek, yakınlarına başsağlığı dilemek ve gerekiyorsa onun bazı haklarını yerine getirmektir.

Vefatı öğrenmesi birinci aşamadır. Bundan üzüntü duyması ve etkilenmesi ikinci aşamadır. Yapması gereken şeyleri yapması üçüncü aşamadır.

Tevhîd bilgisinin de bu aşamaları tamamından geçmesi gerekir.

Mesela bir kimsenin Allah'ın cezasının şiddetli olduğunu bilmesi sonra bu bilgiden etkilenmesi ve Allah'tan korkması, sonra da Allah'ın cezasından korkarak kötülüklerden uzak durması ve emirleri yerine getirmesi gerekir.

Müslümanların pek çoğunun durumu dikkatlice incelendiğinde onların bilme ve tanıma noktasında bir kusurlarının olmadığı görülür. Onların pek çoğunun tevhîdi bölümleriyle ve ayrıntılarıyla bildiklerini görebilirsin. Fakat onların bu bilgiden vicdani olarak ne kadar etkilendiklerini araştırdığımızda bunun herhangi bir izine rastlayamayız veya bilgisi ve marifetiyle uygun olmayan zayıf bir etki görebiliriz.

Amel ve uygulama aşamasına geçtiğimiz zaman büyük eksiklikler, ilmi ile ameli arasında farklar olduğunu fark ederiz. İsrailoğullarının durumu da böyle idi. Onların geniş bilgileri vardı, fakat bu bilgileri onları etkilemiyordu ve amel etmiyorlardı.

Yukarıdaki ölçülere göre bazı müslümanların hayatındaki olumsuz görüntülerin pek çoğunu izah edebiliriz. Onlarında bilme ve tanıma noktasında eksiklikleri yoktur fakat bu bilgiden etkilenme ve uygulama/amel yönünde kusurludurlar.

Realiteye dair bazı misaller verelim:

Bir müslümana gelsen ve seni kim rızıklandırıyor? diye ona sorsan, şüphesiz ki Allah'tır, diye cevap verir. Bu konuda delilin nedir? diye sorduğun zaman hemen şu âyetle sana cevap verir:

﴿إِنَّ ٱللَّهَ هُوَ ٱلرَّزَّاقُ ذُو ٱلْقُوَّةِ ٱلْمَتِينُ ﴿٥٨﴾﴾ [الذاريات: ٥٨]

"Şüphesiz rızık veren, güç kuvvet sahibi olan ancak Allah'tır." (Zariyat, 51/58)

Buna şu âyeti de delil olarak ilave edebilir:

﴿وَمَا مِن دَآبَّةٍ فِي ٱلْأَرْضِ إِلَّا عَلَى ٱللَّهِ رِزْقُهَا ۝٦﴾

[هود: ٦]

"Yeryüzünde yürüyen her canlının rızkı, yalnızca Allah'ın üzerinedir." (Hûd, 11/6)

Sonra bu kişinin halini bir düşün: Gece gündüz durmadan çalışıyor, sanki bu dünya için yaratılmış, ibâdeti zayıf, âilesine ve akrabalarına karşı yükümlülüklerini yerine getirmiyor, hatta nefsinin/kendisinin hakkını bile vermiyor.

Sonra sana veya başka birine şöyle diyebiliyor: Filan adam benim rızkımı kesmek istiyor. Açlıktan öleceğim diye korkuyorum. Benden sonra çocuklarıma kim bakacak ve buna benzer daha başka ifadeler. Bu ifadeler onun bilgisinin vicdanında ve davranışlarında birlikte çalıştığı bir hakikate dönüşmediğinin ve sadece nazari bir bilgi olarak kaldığının delilidir.

Başka bir örnek: Allah ve Rasûlünü sevmek:

Sana Allah ve Rasûlünü sevdiğini, hatta kendisindeki Allah ve Peygamber sevgisinin bütün sevgilerden üstün olduğunu söylemeyen bir tek müslüman yoktur.

Fakat onun tavır ve hareketlerine, muamelelerine ve hayatına bak, bunu doğrulayan hiç bir şey bulamazsın. O nefsinin ve şehvetinin sevgisini Allah sevgisine ve O'nun emrine tercih eder. Bu sebeple Allah teâlâ bu problemi, düşünce ile hal ve hareketler arasındaki bu eksikliği ortadan kaldıracak âyetini göndermiş ve şöyle buyurmuştur:

﴿قُلْ إِن كُنتُمْ تُحِبُّونَ ٱللَّهَ فَٱتَّبِعُونِى يُحْبِبْكُمُ ٱللَّهُ وَيَغْفِرْ لَكُمْ ذُنُوبَكُمْ ۗ وَٱللَّهُ غَفُورٌ رَّحِيمٌ ٣١﴾

[آل عمران: ٣١]

"(Ey Rasulüm!) De ki: Eğer Allah'ı seviyorsanız bana uyun ki Allah da sizi sevsin ve günahlarınızı bağışlasın." (*Âl-i İmrân, 3/31*)

İmam Şâfi'î bu gerçeği şöyle tasvir etti:

Sevdiğini iddia ettiğin halde isyan edersin Allah'a

Ömrün şahittir çirkinlik var, senin yaptığın bu kıyasta

Eğer sevginde samimi olsaydın itaat ederdin mutlaka

Muhakkak ki itaat eder seven kimse sevdiğine daima

Diğer itikadî mes'elelerde özellikle isim ve sıfatların gerektirdiği tutum ve davranışlar konusunda da buna benzer şeyler söyleyebilirsin.

Bu sebeple alimlerin ve ilim talebelerinin, özellikle tevhîdi ders olarak okuyanların/okutanların bu mes'eleye çok önem vermeleri gerekir. Onu sadece nazari bir bilgi olarak öğretmekle yetinmemelidirler. Her müslümanın vicdani olarak bundan etkilenmesi gerekir.

﴿ إِنَّمَا ٱلْمُؤْمِنُونَ ٱلَّذِينَ إِذَا ذُكِرَ ٱللَّهُ وَجِلَتْ قُلُوبُهُمْ وَإِذَا تُلِيَتْ عَلَيْهِمْ ءَايَٰتُهُۥ زَادَتْهُمْ إِيمَٰنًا وَعَلَىٰ رَبِّهِمْ يَتَوَكَّلُونَ ﴿٢﴾ ﴾ [الأنفال: ٢]

"Müminler ancak, Allah anıldığı zaman yürekleri titreyen, kendilerine Allah'ın âyetleri okunduğunda îmânlarını artıran ve yalnız Rablerine dayanıp güvenen kimselerdir." (Enfal, 8/2)

Aynı şekilde onların büyük bir önemle uygulama yönüne de yönelmeleri gerekir. Çünkü amel, ilmin semeresidir.

Allah teâlâ şöyle buyurmaktadır:

﴿ يَٰٓأَيُّهَا ٱلَّذِينَ ءَامَنُوٓاْ ءَامِنُواْ ﴾ [النساء: ١٣٦]

"Ey îmân edenler, îmân edin." (Nisâ, 4/136)

﴿ قَالَتِ ٱلْأَعْرَابُ ءَامَنَّا قُل لَّمْ تُؤْمِنُواْ وَلَٰكِن قُولُوٓاْ أَسْلَمْنَا وَلَمَّا يَدْخُلِ ٱلْإِيمَٰنُ فِى قُلُوبِكُمْ وَإِن تُطِيعُواْ ٱللَّهَ وَرَسُولَهُۥ لَا يَلِتْكُم مِّنْ أَعْمَٰلِكُمْ شَيْـًٔا ﴿١٤﴾ ﴾

[الحجرات: ١٤]

"Bedevîler inandık dediler. De ki: Siz îmân etmediniz, ama boyun eğdik, deyin. Henüz îmân kalplerinize yerleşmedi. Eğer Allah'a ve elçisine itaat

ederseniz, Allah işlerinizden hiçbir şeyi eksiltmez (karşılığını eksik vermez.)" *(Hucurat, 49/14)*

Tevhîd bununla tekâmül eder ve meyvelerini verir. Ebu Abdirrahman es-Sulemî'nin sözünün anlamı da budur. O şöyle dedi: Biz içindeki ilim ve ameli öğrenmedikçe on âyeti geçmezdik. Allah'ın şu âyetini dikkatlice düşünelim:

﴿ يَٰٓأَيُّهَا ٱلَّذِينَ ءَامَنُواْ لِمَ تَقُولُونَ مَا لَا تَفۡعَلُونَ ٢ كَبُرَ مَقۡتًا عِندَ ٱللَّهِ أَن تَقُولُواْ مَا لَا تَفۡعَلُونَ ٣ ﴾ [الصف: ٢ - ٣]

"Ey îmân edenler! Yapmayacağınız şeyleri niçin söylüyorsunuz? Yapmayacağınız şeyleri söylemeniz Allah katında büyük bir nefretle karşılanır." *(Saf, 61/2-3)*

* * *

ÂLİMLERE AŞIRI BAĞLANMAK VE ONLARIN GÖRÜŞLERİNİ KUR'ÂN VE SÜNNETE TERCİH ETMEK

Tevhîd ile ilgili gözümüze çarpan mes'elelerden birisi de şahısların görüşlerini taassupla savunmak, alimlere aşırı bağlanmak ve onların görüşlerini Kitap ve Sünnet'e tercih etmektir.

Bu, gerçekten çok tehlikeli bir sorundur. Hangi toplumda böyle bir sorun mevcut olmuşsa onlar mutlaka helâk olmuşlardır. Bu, tevhîdin kemâline aykırıdır. Bazı durumlarda küfre bile götürebilir.

﴿ ٱتَّخَذُوٓاْ أَحۡبَارَهُمۡ وَرُهۡبَٰنَهُمۡ أَرۡبَابٗا
مِّن دُونِ ٱللَّهِ وَٱلۡمَسِيحَ ٱبۡنَ مَرۡيَمَ وَمَآ

أُمِرُوٓا إِلَّا لِيَعْبُدُوٓا إِلَٰهًا وَٰحِدًا لَّآ إِلَٰهَ
إِلَّا هُوَ سُبْحَٰنَهُۥ عَمَّا يُشْرِكُونَ ﴿٣١﴾

[التوبة: ٣١]

"(Yahudiler) Allah'ı bırakıp bilginlerini (hahamlarını); (hristiyanlarda) rahiplerini rabler edindiler. Meryem oğlu Mesih'i (İsa'yı) da... Halbuki onlara ancak tek ilâha kulluk etmeleri emrolundu." (Tevbe, 9/31)

İbn Abbâs böyle bir duruma düşmenin akıbetinden sakındırdı ve şöyle dedi: "Başınıza gökten taş yağacağından korkuyorum; ben size Allah'ın Rasûlü *sallallahu aleyhi ve sellem* şöyle şöyle dedi diyorum, siz ise Ebu Bekir ve Ömer şöyle şöyle dedi, diyorsunuz."(23)

İmam Ahmed bu mes'eleye şu sözleriyle dikkat çekti: Hadîslerin isnadını ve sıhhatini bilip(24) de Süfyan'ın görüşüne müracaat eden kimselere hayret ediyorum.

---

(23) Bk. *Fethu'l-Mecîd, s. 393-395*

(24) Peygamberin hadislerini ve onların sıhhat durumlarını bilen kimseleri kastediyor. -çeviren-

Allah teâlâ şöyle buyurdu:

﴿ فَلْيَحْذَرِ ٱلَّذِينَ يُخَالِفُونَ عَنْ أَمْرِهِۦٓ أَن تُصِيبَهُمْ فِتْنَةٌ أَوْ يُصِيبَهُمْ عَذَابٌ أَلِيمٌ ﴾ [النور: ٦٣]

"(Peygamberin) emrine aykırı davranlar, fitneye düşmekten veya kendilerine elem verici bir azap isabet etmesinden sakınsınlar." (Nur, 24/63)

Fitnenin ne olduğunu bilir misin? Fitne, şirktir.

Şeyh Abdurrahman b. Hasen şöyle dedi:

Allah rahmet eylesin müçtehit imamlar gerekli açıklamayı yapmakta kusur etmediler. Hatta herhangi bir konuda sünnetin ne olduğu açıkça ortaya çıktığında kendilerinin taklit edilmelerini yasakladılar. Çünkü onlar başkalarına ulaştığı halde kendilerinin bilmedikleri hadîslerin de olabileceğini biliyorlardı. Alimlerin görüşlerini inceleyenlerin gâyet iyi bildiği gibi bunun örnekleri çoktur.(25)

Bu mes'ele çok önemlidir. Alimlerin ve ilim

(25) Fethu'l-Mecîd, s. 398

talebelerinin buna özel bir ihtimam göstermeleri, öğrencilerini şahısları taklit etmek(26), onlara taassupla bağlanmak ve görüşlerinin taraftarı olmak üzere değil, delile tabi olmak üzere yetiştirmeleri gerekir. Gerçekten bu ümmet hizipçilikten, taassuptan ve aşırılıktan çok çekmiştir. Bunun etkileri gâyet açıktır.

Aşırılık, tehlikeli bir kapıdır. Pek çok kötülük o kapıdan girer. Peygamber *sallallahu aleyhi ve sellem* bu durumdan sakındırmıştır. Sahîh bir hadîste şöyle buyurmaktadır:

«لَا تُطْرُونِي كَمَا أَطْرَتِ النَّصَارَى ابْنَ مَرْيَمَ فَإِنَّمَا أَنَا عَبْدُهُ فَقُولُوا عَبْدُ اللَّهِ وَرَسُولُهُ».

"Hristiyanların Meryem Oğlu İsa'yı methettikleri gibi siz de beni methetmekte mübalağa etmeyin! Şüphesiz ki ben bir kulum. O halde bana Allah'ın kulu ve O'nun peygamberi deyin."(27)

Enes'ten gelen bir hadîste şöyle anlatılır:

(26) Taklidin caiz olanı ve kštü olanı vardır. Fakat bunları açıklama yeri burası değildir.

(27) Buhârî, IV/142

Bir adam Peygamber *sallallahu aleyhi ve sellem*'e: Sen bizim seyyidimizsin/ulumuzsun ve bizim seyyidimizin oğlusun, dediği zaman Peygamber *sallallahu aleyhi ve sellem* şöyle buyurdu:

«قُولُوا بِقَوْلِكُمْ أَوْ بَعْضِ قَوْلِكُمْ وَلَا يَسْتَجْرِيَنَّكُمُ الشَّيْطَانُ».

"Bana kendi sözünüzle(28) veya kendi sözünüzün bir kısmıyla hitap edin. şeytan sizi yoldan çıkarmasın."(29)

Peygamber *sallallahu aleyhi ve sellem* şöyle buyurmuştur:

«إِيَّاكُمْ وَالْغُلُوَّ فَإِنَّمَا أَهْلَكَ مَنْ كَانَ قَبْلَكُمْ بِالْغُلُوِّ».

"Aşırılıktan sakının. Sizden öncekileri aşırılık helâk etti."(30)

---

(28) Yani bana müslümanların hitabıyla hitab edin, Allah'ın verdiği isimle hitab edin, ey nebî, ey peygamber deyin. Bk: *el-Hattabî, Meâlimü's-Sünen* -çeviren-

(29) Ebû Dâvûd, no: 4806, Ebû Dâvûd'da "Şeytan sizi kendisine vekil kılmasın" ifadesi geçer. Yukarıdaki ifade Ahmed'e aittir. C. III, s. 153 ve 241

(30) Ahmed, I, 215, 347; Neseî, no: 3057; Hakim, I, 466, İbn Mâce, no: 3029, isnadı Muslim'in şartına uygundur. el-Elbânî, *es-Silsiletu's-Sahiha*, no: 1283

İnsanları tevhîd ve Allah'a mutlak kulluk üzere yetiştirmek bu hastalıklardan ve musibetlerden kurtulmanın yegâne yoludur.

***

GÜNAH MI, YOKSA KÜFÜR MÜ?

İnsanların pek çoğu mevcut kötülüklerin ister büyük olsun, ister küçük olsun sadece masiyet/günah olduğunu düşünüyorlar. Halbuki mes'ele bu kadar basit ve kolay değildir. Kötülük önce bir masiyet olarak başlar, sonra zamanla küfre dönüşür. Ben, büyük günahlardan bile olsa bir masiyet sebebiyle tekfirde bulunan kimselerden değilim. Çünkü bu Haricîlerin ve onların yolundan gidenlerin metodudur. Fakat bazı insanlar bazı masiyetleri onların büyük günah olduğunu bile bile işliyor, sonra bunu ifşa ediyorlar, öyle ki basit bir şey haline dönüşüyor, bunu işleyenler yadırganmıyor ve durum süratle öyle bir noktaya geliyor ki insanların çoğu bunu artık helal olarak kabul ediyorlar. İşte bu küfrün ta kendisidir. Çünkü dinen zorunlu olarak haramlığı bilinen bir şeyi helal olarak gören kimse kafir olur.

Bir araştırma merkezinin yapmış olduğu ankete göre bazı masiyetleri irtikap eden pek çok kişi bu masiyetlerin haram olmayıp helal olduğu görüşünde olduklarını ifade etmişlerdir.

Mesela faizi ele alacak olursak, insanların faizli muamelelere hücum ettikleri ve bundan hiç çekinmedikleri, hatta sermaye artırımı ilanında bulunan bütün bankaların hisselerini kısa bir süre içinde tükettikleri, hatta satılan hisselerinin istenilenin/beklenenin kat kat üstüne çıktığı ve bankalardaki hissedarların sayısının milyonlara ulaştığı bilinmektedir.

Burada bir soru akla gelir: Bu milyonların tamamı faizin haramlığına inanıyorlar da acaba -çok para kazanma- arzuları galip geldiği için mi bankalara ortak oluyorlar? Biz bunların hepsinde durumunun böyle olduğunu düşünemiyoruz.[31] Bununla beraber muay-

(31) Hatta bazıları faizin bu çağın bir gereği olduğunu, bazıları da bankaların insan vücudundaki kan mesabesinde olduğunu söyler hale gelmişlerdir.

yen bir ferdin aleyhinde hüküm vermek ancak onun faizi helal gördüğünü kesin olarak tesbit ettiğimiz zaman câiz olur. Ta ki bir kimseyi helak görmediği bir günah sebebiyle tekfir etmiş olmayalım.

İşte bundan dolayı kötülüklerin yayılması ve yaygınlaşmasının en önemli sebeplerinden birisi de tevhîdin anlaşılmasında insanların zaafa düşmeleri ve masiyetleri helal görme tehlikesidir. Eğer bunu bilmiş olsalardı, kötü bir akıbetin habercisi olan bu kötülükleri ve trajedileri asla görmezdik.

***

ÖNCE TEVHÎD NASIL OLUR

Umulur ki yukarıdaki bilgilerden sonra tevhîde niçin öncelik verilmesinin gerekliliği bizim için artık açıklığa kavuşmuştur. Burada kendiliğinden bir soru daha karşımıza çıkar: "Önce Tevhîd" nasıl olur? (Tevhîde öncelik verilmesi nasıl olacaktır?)

Maksadın kolayca anlaşılması ve dolayısıyla bunlarla amel edilmesi için bu önemli soruya temel unsurları içinde cevap vermeye çalışacağım:

Birincisi: *Tevhîdi Öğrenmek, Anlamak ve Uygulamak*

Buhârî "Bilmek, Söz ve Amel'den Öncedir Babı"nda şöyle dedi:

Allah teâlâ şöyle buyurdu:

﴿ فَٱعۡلَمۡ أَنَّهُۥ لَآ إِلَٰهَ إِلَّا ٱللَّهُ وَٱسۡتَغۡفِرۡ لِذَنۢبِكَ وَلِلۡمُؤۡمِنِينَ وَٱلۡمُؤۡمِنَٰتِۗ ﴾ [محمد: ١٩]

"Bil ki, Allah'tan başka hak ilâh yoktur. (Ey Peygamber) hem kendinin hem de mümin erkeklerin ve mümin kadınların günahlarının bağışlanmasını dile." *(Muhammed, 47/19)*

Peygamber *sallallahu aleyhi ve sellem* şöyle buyurdu:

«مَنْ يُرِدْ اللَّهُ بِهِ خَيْرًا يُفَقِّهْهُ فِي الدِّينِ».

"Allah teâlâ her kimin hayrını/iyiliğini isterse ona din konusunda büyük bir anlayış verir."(32)

Ebu Hanîfe şöyle dedi: Dindeki fıkıh, ilimdeki fıkıhtan daha üstündür.

Dindeki fıkıhtan kast edilen şey tevhîddir. İlimle kastedilen ise fürudaki şer'î hükümlerdir.

(32) Buhârî, I/26; Muslim, no: 1037

İkincisi: *Tevhîdi Öğretmek ve Ona Davet Etmek:*

İhtimam göstermemiz gereken en önemli mes'elelerden birisi de budur. Tevhîdi sadece kendimiz için öğrenmekle yetinemeyiz. Bilakis ilmin semeresi ameldir; tevhîdi öğretmek ve ona çağırmak da ameldendir.

Bundan dolayıdır ki Peygamber *sallallahu aleyhi ve sellem* davetine tevhîde davetle başlamıştır. Allah teâlâ hangi peygamberi göndermişse o mutlaka tevhîde çağırmıştır. Nûh, İbrâhîm, Hûd, Şuayb hepsi kendi kavimlerini tevhîde çağırmışlar ve şöyle demişlerdir: *"Allah'a ibâdet edin, sizin O'ndan başka tanrınız yoktur."* (33)

﴿ وَلَقَدْ بَعَثْنَا فِي كُلِّ أُمَّةٍ رَّسُولًا أَنِ اعْبُدُوا اللَّهَ وَاجْتَنِبُوا الطَّاغُوتَ ﴾ [النحل: ٣٦]

"Andolsun ki biz, Allah'a ibâdet edin ve tâğûttan sakının diye her ümmete bir

(33) Bak: A'raf: 59-65-73 ve 85. ayetler ve Hud: 50-61 ve 74. ayetler

peygamber gönderdik." (Nahl, 16/36)

﴿وَمَآ أَرْسَلْنَا مِن قَبْلِكَ مِن رَّسُولٍ إِلَّا نُوحِىٓ إِلَيْهِ أَنَّهُۥ لَآ إِلَٰهَ إِلَّآ أَنَا۠ فَٱعْبُدُونِ ﴿٢٥﴾﴾ [الأنبياء: ٢٥]

"Senden önce hiçbir peygamber göndermedik ki Ona: Benden başka hak ilâh yoktur, şu halde bana ibâdet edin diye vahyetmiş olmayalım." (Enbiya, 21/25)

Rasûlullah *sallallahu aleyhi ve sellem* Muâz'ı Yemen'e gönderdiği zaman ona şöyle dedi:

«إِنَّكَ تَأْتِي قَوْماً أَهْلَ كِتَابٍ فَلْيَكُنْ أَوَّلَ مَا تَدْعُوهُمْ إِلَيْهِ شَهَادَةُ أَنْ لَا إِلَهَ إِلَّا اللَّهُ...».

«وَفِي رِوَايَةٍ إِلَى أَنْ يُوَحِّدُوا اللَّهَ».

"Sen Ehl-i Kitap olan bir topluluğa gidiyorsun; o halde onları ilk olarak Allah'tan başka hak ilâh olmadığına şehadete davet et..."(34)

Başka bir rivâyette: "Allah'ı birlemeye davet et"(35) ifadesi vardır.

---

(34) Buhârî, 5/109; Muslim, no: 19
(35) Buhârî, 8/164

Peygamber *sallallahu aleyhi ve sellem*'in metodu bu olunca bizim de ona tâbi olmamız ve başkalarını da buna çağırmamız gerekir.

Allah teâlâ şöyle buyurmuştur:

﴿ قُلْ هَٰذِهِۦ سَبِيلِىٓ أَدْعُوٓا۟ إِلَى ٱللَّهِ ۚ عَلَىٰ بَصِيرَةٍ أَنَا۠ وَمَنِ ٱتَّبَعَنِى ۖ وَسُبْحَٰنَ ٱللَّهِ وَمَآ أَنَا۠ مِنَ ٱلْمُشْرِكِينَ ﴾ ١٠٨ [يوسف: ١٠٨]

"(Ey Peygamber!) De ki: İşte benim yolum budur. Ben ve bana uyanlar, insanları, Allah'ın yoluna körü körüne değil, bilgiyle davet ederiz. Allah'ı layık olmadığı şeyden tenzih ederim. Ben müşriklerden değilim." (Yûsuf, 12/108)

Tevhîde davet aşağıdaki vesilelerle yapılabilir:

1- Mescitlerde ve evlerde sürekli dersler yapmak

2- Programlar hazırlamak ve her aşamada bu programları yoğunlaştırmak

3- Konferanslar ve toplantılar düzenlemek

4- Aile ve çocukları tevhîd eğitimine göre terbiye etmek

5- Dünyanın her yerinde tevhîd kitaplarını yayınlamak. İnsanlığın buna ihtiyacı, yiyecek ve içeceğe ihtiyacından daha fazladır.

6- Ehl-i Sünnet ve'l-Cemaat'ın ve ümmetin selefinin akîdesini yaymak için uygun fırsatların tamamını değerlendirmek

7- Tevhîd davetine uzak duran kimselere gerekli cevabı vermek. Her bir duruma uygun hareket tarzları vardır. Daha büyük bir kötülüğe sebep olmamak için bu konuda hikmeti/münasip olan şeyi gözetmek gerekir.

Allah teâlâ şöyle buyurmaktadır:

﴿وَلَا تَسُبُّوا۟ ٱلَّذِينَ يَدْعُونَ مِن دُونِ ٱللَّهِ فَيَسُبُّوا۟ ٱللَّهَ عَدْوًۢا بِغَيْرِ عِلْمٍ﴾ [الأنعام: ١٠٨]

"Allah'tan başkasına tapanlara sövmeyin; sonra onlar da bilmeyerek Allah'a söverler." (En'am, 6/108)

Üçüncüsü: *Tevhîd Ehlini Sevmek ve Korumak:*

Tevhîdin öncelikli olmasının gereklerinden birisi de tevhîdi ve tevhîd ehlini sevmek, onların şeref ve onurlarını korumak ve onlara muhalefet edenleri reddetmektir. Şeyh Abdurrahman b. Hasen[36] şöyle dedi: Tevhîdi sevmeyen muvahhit olamaz. Çünkü tevhîd, âyet-i kerimede de buyurulduğu gibi Allah'ın, kullarından razı olduğu dindir:

﴿وَرَضِيتُ لَكُمُ الْإِسْلَامَ دِينًا﴾ [المائدة: ٣]

"Sizin için din olarak İslâm'ı beğendim." (Maide, 5/3)

Şeyhulislâm İbn Teymiyye dedi ki: Allah'ı seven, O'nun dinini de sever. Allah'ı sevmeyen dinini de sevmez.

Tevhîdi sevmenin alâmetlerinden birisi müslümanı düşünmektir. Tevhîdi seven bir kimse müslümanın kemâline/iyiliğine yol açacak şeyle sevinir, buna aykırı bir şey gör-

(36) Bak: Mecmuatu't-Tevhid, 1/51

düğü zaman da üzülür. Müslümana yardım etmek ve onu korumak için bütün gücüyle çalışır. Îmân bir takım temenniler ve süslü püslü sözler değildir. Fakat îmân kalpte yer eden ve amelin doğruladığı şeydir.

Allah teâlâ şöyle buyurur:

﴿ قُلْ إِنَّ صَلَاتِي وَنُسُكِي وَمَحْيَايَ وَمَمَاتِي لِلَّهِ رَبِّ الْعَالَمِينَ ﴿١٦٢﴾ لَا شَرِيكَ لَهُ وَبِذَٰلِكَ أُمِرْتُ وَأَنَا أَوَّلُ الْمُسْلِمِينَ ﴿١٦٣﴾ ﴾ [الأنعام: ١٦٢ - ١٦٣]

"De ki: Şüphesiz benim namazım, kurbanım, hayatım ve ölümüm hepsi alemlerin Rabbi Allah içindir. Onun ortağı yoktur. Bana sadece bu emrolundu ve ben müslümanların ilkiyim." *(En'am, 5/162-163)*

Dördüncüsü: *Tevhîdin Düşmanlarına Buğzetmek:*

Tevhîd düşmanlarına buğzetmek onlardan ayrılmayı, uzak durmayı, onların hilelerini açığa çıkarmayı ve onların iddialarını çürütmeyi gerektirir. Allah teâlâ şöyle buyurur:

﴿ وَكَذَٰلِكَ نُفَصِّلُ ٱلْأَيَٰتِ وَلِتَسْتَبِينَ سَبِيلُ ٱلْمُجْرِمِينَ ﴾ [الأنعام: ٥٥]

"Böylece suçluların yolu belli olsun diye âyetleri iyice açıklıyoruz." (En'am, 6/55)

Onlarla dost olmaktan veya onları dost edinmekten sakın:

﴿ وَمَن يَتَوَلَّهُم مِّنكُمْ فَإِنَّهُۥ مِنْهُمْ ﴾ [المائدة: ٥١]

"İçinizden onları dost tutunanlar onlardandır." (Maide, 5/51)

Onlara buğz etmek onlarla dostluğa ve onları sevmeye aykırıdır. Allah teâlâ şöyle buyurur:

﴿ لَّا تَجِدُ قَوْمًا يُؤْمِنُونَ بِٱللَّهِ وَٱلْيَوْمِ ٱلْءَاخِرِ يُوَآدُّونَ مَنْ حَآدَّ ٱللَّهَ وَرَسُولَهُۥ وَلَوْ كَانُوٓا۟ ءَابَآءَهُمْ أَوْ أَبْنَآءَهُمْ أَوْ إِخْوَٰنَهُمْ أَوْ عَشِيرَتَهُمْ أُو۟لَٰٓئِكَ كَتَبَ فِى قُلُوبِهِمُ ٱلْإِيمَٰنَ وَأَيَّدَهُم بِرُوحٍ مِّنْهُ ﴾ [المجادلة: ٢٢]

"Allah'a ve âhiret gününe inanan bir

toplumun -babaları, oğulları, kardeşleri, yahut akrabaları da olsa- Allah'a ve Rasûlüne düşman olanlarla dostluk ettiğini göremezsin. İşte onların kalbine Allah, îmânı yazmış ve katından bir rûh ile onları desteklemiştir." (Mücadele, 59/22)

Onlarla kaynaşmak ve oturup kalkmak onlara buğzu ve düşmanlığı zayıflatır. Ancak onları İslâm'a davet gayesiyle onlarla arkadaşlık kurulabilir.

Beşincisi: *Çağdaş Problemlerimizi Tevhîde Bağlamak:*

Alimlerin, ilim talebelerinin ve davetçilerin özen göstermeleri gereken en önemli şeylerden birisi de çağdaş problemlerimizi tevhîdle irtibatlandırmaları ve muvafakat ve muhalefet yönünden durumlarını tevhîde göre açıklığa kavuşturmalarıdır.

Özellikle dost ve düşman kavramlarıyla ilgili yeni yeni mes'eleler ortaya çıkmıştır. Rasyonalistler, müslümanları tekfir eden veya sâlihler konusunda aşırı giden cemaatler gibi sapık fırkalarla ilgili mes'eleler vardır.

Allah'ın indirdiğinden başka şeylerle hükmetmek ve İslâm aleminde bunun yayılması gibi mes'eleler de bunlardandır.

Batılılaşma ve taklitçilik gibi şeyler de bunlardandır. Aynı şekilde Allah'ın ve Rasûlü *sallallahu aleyhi ve sellem* 'in dininde çıkartılan bid'atler de böyledir. Peygamber *sallallahu aleyhi ve sellem* şöyle buyurdu:

«مَنْ أَحْدَثَ فِي أَمْرِنَا هَذَا مَا لَيْسَ مِنْهُ فَهُوَ رَدٌّ».

"Kim bizim dinimizde olmayan şeyi uydurursa o reddedilir."[37]

Altıncısı: *Ümmetin Tevhîd Temelinde Birleşmesi:*

Ehl-i Sünnet ve'l-Cemaat'in karakteristik özelliklerinden birisi de birlik ve beraberliğe, parçalanma ve ihtilafı terketmeye çağırmalarıdır. Allah teâlâ şöyle buyuruyor:

---

(37) Buhârî, III/167; Muslim, no: 1718

﴿وَاعْتَصِمُوا بِحَبْلِ اللَّهِ جَمِيعًا وَلَا تَفَرَّقُوا﴾
[آل عمران: ١٠٣]

"Hep birlikte Allah'ın ipine sımsıkı yapışın ve parçalanmayın." (Âl-i İmrân, 3)

﴿شَرَعَ لَكُم مِّنَ الدِّينِ مَا وَصَّىٰ بِهِۦ﴾ [الشورى: ١٣]

"Dini ayakta tutun ve onda ayrılığa düşmeyin." (Şûra, 42/13)

Peygamber *sallallahu aleyhi ve sellem* şöyle buyurdu:

«مَنْ رَأَى مِنْ أَمِيرِهِ شَيْئًا يَكْرَهُهُ فَلْيَصْبِرْ عَلَيْهِ فَإِنَّهُ مَنْ فَارَقَ الْجَمَاعَةَ شِبْرًا فَمَاتَ إِلَّا مَاتَ مِيتَةً جَاهِلِيَّةً».

"Her kim yöneticisinde hoşlanmadığı bir şey görürse ona sabretsin (isyan etmesin). Çünkü her kim cemaatten (topluluktan) ayrılır da ölürse, muhakkak ki o cahiliyye ölümüyle ölür."[38]

İbn Mes'ûd dedi ki: İhtilaf, kötülüktür.

(38) Buhârî, VIII/87; Muslim, no: 1849

Yukarıdaki verilen bilgilerden açıkça anlaşılmaktadır ki birlik, beraberlik ve kalplerin kaynaşması dinin bir talebidir ve yüce bir gayedir. Fakat bunun yanında birleşmenin sonuçlarını gözardı ederek bizzat kendisinin gaye olduğunu kabul edenlerin varlığı gözlenmektedir. Bu, yanlış bir anlayıştır ve eksik bir düşüncedir. Çünkü gaye, hak söz üzerinde birleşmektir, iyilik ve takvada yardımlaşmaktır. Birlik ve ittifak, takva ve itaat üzere olmazsa, günah ve düşmanlık üzere olacağı için böyledir. Bu sebeple Allah teâlâ iyilik ve takva üzere yardımlaşmayı emretti ve şöyle buyurdu:

﴿وَتَعَاوَنُوا۟ عَلَى ٱلْبِرِّ وَٱلتَّقْوَىٰ ۖ وَلَا تَعَاوَنُوا۟ عَلَى ٱلْإِثْمِ وَٱلْعُدْوَٰنِ ۚ﴾ [المائدة: ٢]

"İyilik ve takva üzere yardımlaşın, günah ve düşmanlık üzere yardımlaşmayın." (Mâide, 5/2)

Allah teâlâ şöyle buyurdu:

﴿نَزَّلَ عَلَيْكَ ٱلْكِتَٰبَ بِٱلْحَقِّ مُصَدِّقًا لِّمَا بَيْنَ يَدَيْهِ وَأَنزَلَ ٱلتَّوْرَىٰةَ وَٱلْإِنجِيلَ ۝٣﴾ [آل عمران: ٣]

"Allah'ın ipine sımsıkı sarılın." (*Âl-i İmrân, 2/103*)

Allah, kendi ipine sarılmayı tevhîde sarılmak olarak belirledi.

Birlik ve beraberliği gaye ve hedef görenler tevhîd konusunu ihmal ediyor ve onu üzerinde birleşecekleri bir esas olarak ele almıyorlar. Hatta onlardan bazılarını, taraftarlarının akîde mes'elelerini ortaya atmalarını, müslümanların birliğinin ve saflarını sıklaştırmalarının önünde bir engel teşkil edeceği gerekçesiyle engellediklerini görürsün. Bazıları şöyle demekten bile utanmazlar: "Tevhîd mes'elelerini ortaya atmak parçalanma ve ihtilafa yol açar." Hasbunallahu ve ni'mel-vekil!

Şeyh Abdulaziz Kâri bu mes'eleyi açıklayarak şöyle der:

"Biz kendimizi bu prensipte bize muhalefet eden ve bizimle tartışan ilme, tebliğe ve irşada müntesip grupların önünde bulduk. Onlar şöyle diyorlar:

Bu çağda tevhîd problemi her ne kadar temel ve önemli bir problem olsa da birincil problem değildir. Bizim bu çağda dinsizliğin ve diğer akımların saldırılarına ve tehditlerine karşı koymak için la ilâhe illallah diyen herkesi birleştirmeye ihtiyacımız vardır.

Diğerleri her ne kadar bu prensipte bizimle beraber olsalar da amelî olarak/pratikte bizimle ters düştüklerini görürsün. Onlardan herhangi birinin itikadını şöyle bir yokladığın zaman öncelikle onun bu itikadının düzeltilmeye daha muhtaç olduğunu anlarsın. Tevhîdî bilnç eksikliği öğretim, davet ve irşatla görevli kimselerde görüldüğü zaman bu durum daha da büyük bir musibettir. Kendi akîdesi düzeltilmeye muhtaç bir kimse, nasıl başkalarının akîdelerini/inançlarını düzeltecek."[39]

Heterojen/karışık bir akîde yapısını ihtiva eden bu gibi kalabalıkların başarısızlıkları sabit olmasına rağmen insanların neyin üzerinde birleşeceklerini ve hangi şey için saflarını

---

(39) Bk. *Risaletu'l-Akîdeti Evvelen lev kanu ya'lemun, s. 8*

sıklaştıracaklarını doğrusu bilmiyorum. Çünkü zorluk ve sıkıntılı zamanlarda dostluklar düşmanlıklara dönüşür.

﴿ ٱلْأَخِلَّآءُ يَوْمَئِذٍۭ بَعْضُهُمْ لِبَعْضٍ عَدُوٌّ إِلَّا ٱلْمُتَّقِينَ ﴿٦٧﴾ ﴾ [الزخرف: ٦٧]

"O gün, Allah'a karşı gelmekten sakınanlar dışında, dost olanlar birbirlerine düşman kesilirler." (Zuhruf, 43/67)

Her ne kadar bu, âhirette gerçekleşecek olsa bile, gördüğümüz ve şâhit olduğumuz gibi zaman zaman dünyada vâki olacaktır. Bu sebeple davetlerin/çağrıların ve birleşmelerin tevhîd akîdesine dayanan, Ehl-i Sünnet ve'l-Cemaat'in metoduna bağlı, bid'at ve hurafelerden, Allah'ın dininden verilecek çirkin tavizlerden, birlik-beraberlik ve kamu yararı gibi hayali/sudan gerekçelerle akîde mes'elelerinin sulandırılmasından uzak sağlam esaslar üzerine bina edilmesi gerekir.

Bu sebeple tevhîdin yanında "Önce Tevhîd" olması gerekir. Böyle olmazsa olmaz.

TEVHÎDİN SEMERESİ VE ETKİLERİ

Tevhîdin sayılamayacak kadar çok meyvelerı ve büyük yararları vardır. Örneğin hayvanlar söz konusu edilirse onlarda bile büyük yararlar vardır.

Allah teâlâ onlar hakkında şöyle buyurdu:

﴿ سُبْحَٰنَ ٱلَّذِى خَلَقَ ٱلْأَزْوَٰجَ كُلَّهَا مِمَّا تُنۢبِتُ ٱلْأَرْضُ وَمِنْ أَنفُسِهِمْ وَمِمَّا لَا يَعْلَمُونَ ﴿٣٦﴾ ﴾

[يس: ٣٦]

"Bu hayvanlarda onlar için nice faydalar ve içilecek sütler vardır. Hala şükretmezler mi?" (Yasin, 36)

Allah teâlâ kendi nimetlerinden söz ederken şöyle dedi:

﴿ وَإِن تَعُدُّواْ نِعْمَةَ ٱللَّهِ لَا تُحْصُوهَآ إِنَّ ٱللَّهَ لَغَفُورٌ رَّحِيمٌ ﴾ [النحل: ١٨]

"Allah'ın nimetlerini saymaya kalkarsanız, onu sayamazsınız." (Nahl, 16/18)

Allah teâlâ hactan şöyle söz etti:

﴿ لِّيَشْهَدُواْ مَنَٰفِعَ لَهُمْ ﴾ [الحج: ٢٨]

"Kendilerine ait bir takım yararları görmeleri için..." (Hac, 22/28)

Bütün bu nimetlerin yararlarının sayılması zor olunca ve her iki âyette de "yararlar" kelimesi nekre (belirsiz) olarak zikredilince tevhîdin yararlarını ve meyvelerini nasıl sayabiliriz? Halbuki o, Allah'ın kullarına lutfettiği nimetlerin en büyüğüdür ve onun dışındaki yararlar tevhîdden kaynaklanır ve onun bir eseridir.

﴿ وَإِذْ تَأَذَّنَ رَبُّكُمْ لَئِن شَكَرْتُمْ لَأَزِيدَنَّكُمْ وَلَئِن كَفَرْتُمْ إِنَّ عَذَابِي لَشَدِيدٌ ﴾ [إبراهيم: ٧]

"Eğer şükrederseniz elbette size nimetimi arttıracağım ve eğer nankörlük

ederseniz hiç şüphesiz azabım çok şiddetlidir." (İbrâhîm, 14/7)

Bu sebeple ben tevhîdin dünyadaki ve âhiretteki bazı semerelerini ve etkilerini zikredeceğim.

Şeyhulislâm İbn Teymiyye şöyle dedi:

"Kalplerin mutluluğu ve eksiksiz hazzı Allah sevgisinde ve O'na, O'nun sevdiği şeylerle yaklaşmadadır. Allah sevgisi ancak O'nun dışında bütün sevilen şeylerden yüz çevirmekle tamam olur. Lâ ilâhe illallah'ın hakikati budur ve bu, İbrâhîm Halil *aleyhisselâm*'ın inancıdır."[40]

İbn'l-Kayyim, *Zâdu'l-Meâd*'da şöyle dedi: "Kalp huzurunun en büyük sebebi tevhîdullahtır (Allah'ı birlemektir). [41]

Şeyh es-Sa'di *el-Kavlu's-Sedid*'te tevhîdin fazîletlerini uzun uzun anlattı. Aşağıdaki zikredilenler bunun bir özetidir:

1- Tevhîdi gerçekleştiren/hakkını veren kimse hesap ve cezaya uğramaksızın cennete girer.

(40) Mecmûu'l-Fetâva, 28/32
(41) Zâdu'l-Mead, 2/32

2- Tevhîd günahların affedilmesine ve örtülmesine sebeptir.

3- Dünya ve âhiretteki sıkıntıların giderilmesinin ve dünya ve âhiretteki yaptırımlardan/cezalardan kurtulmanın en büyük sebebi tevhîddir.

4- Tevhîd, kalpte hardal tanesi ağırlığından daha az miktarda bulunduğu zaman cehennemde ebedî kalmayı engeller. Kalpte eksiksiz bulunduğu zaman cehenneme girmeyi tamamen engeller.

5- Tevhîd, sahibine hidâyeti, olgunluğu ve dünya ve âhirette tam bir güvenliği temin eder.

6- Tevhîd, Allah'ın rızasına ve sevabına nâil olmanın yegane sebebidir. Muhammed *sallallahu aleyhi ve sellem*'in şefaatiyle insanların en mutlusu, kalpten gelen samimi bir duyguyla lâ ilâhe illallah diyen kimsedir.

7- Zâhiri ve bâtıni bütün amellerin ve sözlerin kabulü, kemâli ve sevaba hak kazanması tevhîde bağlıdır.

8- Tevhîd, kulun iyilik yapmasını ve kötülüğü terk etmesini kolaylaştırır ve onu musibetlerden dolayı teselli eder.

9- Tevhîd kalpte tam olduğu zaman Allah onun sahibine îmânı sevdirir, gönlüne onu güzel gösterir, küfrü, isyanı ve günahı ise çirkin gösterir.

10- Kulun sıkıntılarını hafifletir ve acılarını azaltır. Ancak bu, kulun tevhîdde ve îmânda kemâle ermesine, sıkıntıları ve acıları gönül rahatlığı ve iç huzuru ile karşılamasına ve Allah'ın acı veren kaderine teslim olmasına ve rızasına bağlıdır.

11- Tevhîd kulu yaratıklara köle olmaktan, onlara bağlanmaktan, korkularından, onlar için ümit beslemeleri ve çalışmalarından kurtarır. Hakiki ve en yüksek izzet ve şeref budur.

12- Tevhîd kalpte tam ve kâmil olduğu ve tam bir ihlasla gerçekleştiği zaman amelinin azı çok olur, amellerinin ve sözlerinin mükafaatı sayılamıyacak miktarda kat kat artar. Kulun mizanında onun ihlası gökler ve yerin karşılamayacağı kadar ağır gelir.

13- Allah teâlâ tevhîd ehline dünyada izzet ve şerefi, hidâyeti, kolaylığı, iyi hali söz ve fiillerinde isabetli olmayı garanti eder.

14- Allah teâlâ îmân ehli muvahhitleri dünya ve âhiretin kötülüklerinden korur ve onlara temiz, huzurlu ve zikriyle huzura ereceği bir hayatı ihsan eder.

* * *

TEVHÎD KONUSUNDAKİ KİTAP VE RİSALELER

Bu bölüm, tevhîd konusunda ilim tâlibinin müstağni kalamayacağı bazı kitaplara, risâlelere ve bablara süratli bir işaretten ibarettir.(42)

1- Hadîs kitaplarından Sahîh, Sünen ve Müsned'lerin *Kitabu't-Tevhîd* bölümleri

2- Ahmed b. Hanbel ve İbn Mende gibi çok sayıda selef aliminin *Kitabu't-Tevhîd, Kitabü's-Sünne* ve *Kitabu'l-Îmân* isimli eserleri

3- el-Lâlekâi'nin *"Usûlu İ'tikadi Ehli's-Sunne"* isimli eseri

4- Şeyhulislâm İbn Teymiyye'nin kitapları

---

(42) Tevhid konusundaki en büyük kitap Kur'an-ı Kerim'dir. Diğerlerinin hepsinin kaynağı odur.

5- Şerhu'l-Akîdeti't-Tahaviyye

6- Şeyhulislâm Muhammed b. Abdilvehhab'ın risâleleri ve kitapları ve özellikle *Kitabu't-Tevhîd*'i

7- Davet imamlarının, Şeyhulislam Muhammed b. Abdilvahhab'ın torunlarının ve diğerlerinin kitapları ve risâleleri

8- İbn Bâz ve İbn Useymîn gibi çağdaş alimlerin kitapları ve risâleleri

9- Bazı yayınevlerinin özellikle Dâru'l-Vatan'ın Ehl-i Sünnet ve'l-Cemaat yöntemine uygun olarak çıkardığı risâleler ve kitapçıklar

10- Tevhîdin açıklaması ve ona davetle ilgili kasetler

***

SON SÖZ

Size Allah'ın kullarına peygamberinin lisanı üzerinden yaptığı şu tavsiye ile tavsiyede bulunuyorum:

﴿شَرَعَ لَكُم مِّنَ ٱلدِّينِ مَا وَصَّىٰ بِهِۦ نُوحًا وَٱلَّذِىٓ أَوْحَيْنَآ إِلَيْكَ وَمَا وَصَّيْنَا بِهِۦٓ إِبْرَٰهِيمَ وَمُوسَىٰ وَعِيسَىٰٓ ۖ أَنْ أَقِيمُوا۟ ٱلدِّينَ وَلَا تَتَفَرَّقُوا۟ فِيهِ﴾ [الشورى: ١٣]

"Dini ayakta tutun ve onda ayrılığa düşmeyin diye Nûh'a tavsiye ettiğini, sana vahyettiğimizi, İbrâhîm'e, Mûsâ'ya ve Îsâ'ya tavsiye ettiğimizi Allah size de din kıldı." (Şura, 42/13)

Sonra Şeyhulislâm Müceddid İmam Muhammed b. Abdilvehhab'ın şu tavsiyesini size ben de tavsiye ediyorum:(43)

(43) Mecmûatu't-Tevhid, I/141

Ey kardeşlerim dininizin aslına, Allah'ın dinine sarılın. O dinin başlangıcı, sonu ve başı Lâ ilâhe illallah'a şahitlik etmektir. Bunun manasını öğrenin, onu sevin, onun ehlini sevin ve onları uzakta da olsalar kardeşleriniz olarak bilin. Tâğûtları inkar edin ve onlara karşı çıkın, onlara buğzedin, onları sevenlere veya onları savunanlara veya onları tekfir etmeyenlere veya: Onlardan bana ne diyenlere veya: Allah bana onlarla ilgili bir yükümlülük vermedi diyenlere de buğzedin. Çünkü böyle diyenler Allah'a karşı yalan söylemiş ve iftira etmişlerdir. Allah onlara böyle bir yükümlülüğü yüklemiştir, onları inkar etmeyi farz kılmıştır. Kardeşleri ve evlatları bile olsalar onlardan uzak durmayı emretmiştir. Bunlara iyice sarılın. Umulur ki Rabbinize O'na hiçbir şeyi ortak koşmadan kavuşursunuz.

Allah'ım bizi müslümanlar olarak vefat ettir ve bizleri sâlihlere ilhak eyle.

Allah'ın salat ve selamı Peygamberimiz Muhammed'e, onun ailesine ve arkadaşlarına olsun.

İÇİNDEKİLER

تم بحمد الله